Hildegard Willoweit

Kleine literarische Stadtansicht Würzburg

Kleine literarische Stadtansicht Würzburg

– kurzweilig, informativ und authentisch –
aus der Sicht von Menschen,
die in Würzburg geboren sind,
hier lebten oder die Stadt besuchten

Textauswahl, Erläuterungen
und Fotografien
von

Hildegard Willoweit

ERGON VERLAG

Bibliografische Information der Deutschen Nationalbibliothek
Die Deutsche Nationalbibliothek verzeichnet diese Publikation in der Deutschen Nationalbibliografie; detaillierte bibliografische Daten sind im Internet über http://dnb.d-nb.de abrufbar.

Gedruckt auf alterungsbeständigem Papier.
Satz: Thomas Breier
Umschlaggestaltung: Jan von Hugo

www.ergon-verlag.de

ISBN 978-3-95650-212-5

Vorwort

Wer sich eine Stadt ansehen will, steht bald vor ihren wichtigsten Gebäuden wie Rathaus, Schloß, Kirchen. Alle haben ihre architektonischen Besonderheiten und ihre eigene Geschichte, sind zu einer bestimmten Zeit von bestimmten Menschen und nach deren Vorstellungen erbaut oder verändert worden und prägen das optische Bild einer Stadt.

Will man dem vielfältigen Leben einer Stadt weiter auf die Spur kommen, so bieten sich die literarischen Zeugnisse derjenigen an, die zu verschiedenen Zeiten hier lebten oder die Stadt besuchten. Zum Beispiel erschließt ein Brief des jungen Balthasar Neumann seine künstlerische Persönlichkeit in wenigen Sätzen – und diese bleiben im Gedächtnis hängen.

Vieles werden Sie kennen, vieles wird Sie überraschen.

Herzlich danken möchte ich dem ehemaligen Leitenden Archivdirektor am Stadtarchiv Würzburg Herrn Dr. Ulrich Wagner, der mein erstes Manuskript unter seine kenntnisreiche Lupe nahm, und Herrn Dr. Hans-Jürgen Dietrich und seinem Ergon-Verlag. Beide haben mich ermutigt, meine Buchidee zu realisieren.

Würzburg, am 1. Juni 2016

Hildegard Willoweit

Die Stadt wird geprägt von den Weinbergen im Norden, der Festung Marienberg im Westen, die die Stadt überragt und jedem Besucher die Orientierung gibt, dem Fluß Main darunter und der City mit alten Kirchen, deren größerer Teil rechts des Maines liegt. Ein Grüngürtel, der Ringpark, umgibt diesen Stadtteil anstelle der barocken Wehranlagen.[*]
Würzburg ist urkundlich erstmals 704 erwähnt. Ihre große Zeit hatte die Stadt unter Kaiser Friedrich Barbarossa.

Friedrich, durch das Walten von Gottes Gnaden römischer Kaiser … Als Wir auf dem allgemeinen Reichstag, der zu Würzburg feierlich durchgeführt wurde, unter den verfeindeten Fürsten Sachsens mit Gottes Hilfe volle Versöhnung erreicht hatten, hat Herold, der hochwürdige Bischof dieser Stadt ... unsere Gnaden angerufen, Wir möchten doch geruhen, alle Rechtshoheit, die seine Vorgänger sowie Bistum und Herzogtum Würzburg von Karl dem Großen ... bis zur heutigen Zeit ... innegehabt und besessen haben, ihm, der Kirche und dem Herzogtum … mit der Rechtskraft Unseres Freibriefes zu bestätigen. ... So kommt es, daß Wir, dem … hochwürdigen Bischof Herold und seinen Nachfolgern geben, gewähren und bestätigen durch die Rechtskraft dieses Freibriefes, alle Rechtshoheit und die volle Amtsgewalt, Gerichtsbarkeit auszuüben überall im ganzen Bistum und Herzogtum Würzburg und überall in den Grafschaften ... bei Raub und Brand, bei Allod und Lehen, bei Leuten und Blutstrafe ...
am 10. Juli, in der 1. Indiktion, im Jahre der Geburt des Herrn 1168 …

Ausgewählte Quellen zur deutschen Geschichte des Mittelalters Bd. 32 (1977), übersetzt von Lorenz Weinrich, S. 279 ff.

[*] Alle Erläuterungen in diesem Band sind durch *kursive Schrift* gekennzeichnet.

Blick von Süden auf Main und Festung Marienberg mit Weinbergen

„Eine Stadt liegt im Frankenland. Sie heißt Würzburg und ist mit großem Aufwand schön erbaut. Sie genießt großes Ansehen und ist reich an Besitztümern.“ So kurz und bündig beschreibt ein vermutlich Würzburger Autor aus der zweiten Hälfte des 14. Jahrhunderts, der sich selbst Der arme Konrad nennt, den Ort der Handlung ...
Der Umschlag vom Miteinander zwischen geistlichem und weltlichem Würzburg zum Gegeneinander erfolgte seit der ersten Hälfte des 13. Jahrhunderts. Von nun an ist die Geschichte Würzburgs jahrhundertelang vom Kampf um die Stadtherrschaft geprägt, an dem sich seit dem 14. Jahrhundert auch die Handwerkszünfte beteiligten ... Wirtschaftlicher Niedergang und vielfache Auswanderung gerade der finanzkräftigen und unternehmenden Einwohner, die häufig nach Nürnberg gingen, waren die Folge.

Horst Brunner, Daz ich im sumer luft und in dem winter hitze han (1990), S. 12 und 16.

Horst Brunner lehrte mittelalterliche Philologie an der Universität Würzburg von 1981 bis 2014.

Neun und dreißig Türme zeigen an, daß hier ein Bischof wohne, wie ehemals die ägyptischen Pyramiden, daß hier ein König begraben sei. Die ganze Stadt wimmelt von Heiligen, Aposteln und Engeln, und wenn man durch die Straßen geht, so glaubt man, man wandle durch den Himmel der Christen.

Heinrich von Kleist (1777–1811), Heinrich von Kleists Briefe an seine Braut (1884), S. 64.

Und in mancher Gasse stand beinah über jeder Haustür, beinah unter jeder Laterne irgend eine Muttergottes. In dieser angenehmen Stadt, das konnte ich wohl sehen, liebte man die Madonna, dies süßeste Seelenbild des Glaubens ... Es gab da soviele Madonnenfiguren, geschnitzte, gegossene, gemeißelte und gemalte, gotische, fromme und dralle des Barock, elegische von 1450 und schnippische aus dem 18. Jahrhundert, bäuerische und feine, damenhafte und götzenhafte. In ihrem Schatten und Schutz lebte eine vergnügte Stadt, in ihrem frohen, frommen Schatten lebte und atmete auch ich einen sonnigen Reisetag lang.

Hermann Hesse (1877–1962), Spaziergang in Würzburg (1928), Nachdruck 1949 ohne Seitenzahlen.

Blick von Nordwesten auf die Stadt mit den Türmen von Marienkapelle, Dom und der Kuppel von Neumünster in der Mitte, rechts Neubaukirche und Rathausturm

Die Festung Marienberg – „Unserer Lieben Frauen Berg“ – im Westen auf dem linken Mainufer wurde von Fürstbischof Julius Echter (Regierungszeit 1573–1617) im Renaissancestil erweitert.

Noch nie sah ich Tage fliehen
Wie die meinen: immer schau ich ihnen nach!
Wüßt ich nur, wohin sie ziehen,
Und warum so eilig fliehet Tag um Tag.
　Mögen sie vielleicht zu dem
Kommen, der sie nicht so gut benutzt:
So mögen sie denn leuchten –
　Wissen sie nur wem.

Walther von der Vogelweide, (* etwa 1170, + in Würzburg 1230), Sämtliche Gedichte, übertragen von Karl Pannier (1944), S. 67.

Die zum Main schauende Ostseite der Festung Marienberg, der Fürstenbau, von der Alten Mainbrücke aus gesehen, mit St. Kilian, dem Patron der Stadt und der Diözese im Vordergrund

Schon in vorchristlicher Zeit war der Bergrücken mit dem steilen Abfall an drei Seiten besiedelt. Zu seinen Füßen liegt der älteste Teil Würzburgs. Der Ausbau zur Burg auf dem Marienberg begann um 1200 unter Fürstbischof Konrad von Querfurt. Von 1253 bis zur Fertigstellung der Residenz war sie der Sitz der Fürstbischöfe. Viele der heutigen Gebäude gehen auf Renovierung und Erweiterungen durch Fürstbischof Julius Echter (Regierungszeit 1573 bis 1617) zurück.

Zwischen der Kirche am Schottenanger und der Deutschhauskirche führt die Straße zum Marienberg hinauf, dessen Abhänge die Rebe des Leistenweins umrankt, und dessen Gipfel die bischöfliche Burg krönt. Ein Überfall von seiten der rebellischen Bürgerschaft bewog den Bischof Hermann von Lobdeburg, seine Residenz ... auf den Berg zu verlegen. Da seine Nachfolger Ursache hatten, ihren Bürgern zu mißtrauen, suchten sie durch immer stärkere Befestigungen ihren Sitz zu einer uneinnehmbaren Festung zu machen ...

Allmählich steigt man durch wuchtige Tore zum inneren Hof der Burg; drei quadratische Türme in den Ecken, ein runder Bergfried in der Mitte, der alles überragt, die Mauern, die nur hier und da ein ritterliches Wappen schmückt, diese einfachen Linien wirken wie ein Element, wie das Meer oder wie das Feuer. Die romanische Kirche, an die ein gotischer Chor angebaut ist, soll an der Stelle einer uralten hölzernen Kapelle stehen, eines Heiligtums aus der Zeit, als thüringische Herzöge unter der Oberherrschaft der Merowinger hier geboten.

Ricarda Huch (1864–1917), Im Alten Reich. Lebensbilder deutscher Städte. Der Süden (1927), S. 13 f.

Innenhof der Festung Marienberg mit Kapelle, dem Brunnenhaus rechts dahinter und dem Südturm, dem Randersackerer Turm, im Hintergrund

Den alten Bergfried auf dem Marienberg kannte wohl schon Konrad von Würzburg (∗ um 1225 in Würzburg, † 1287 in Basel), der den ersten Antikenroman, „Trojanerkrieg“, schrieb.
Mit seiner 270 Zeilen langen allegorischen Reimdichtung „Der werlte lon“ festigte er den alten Gegensatz zwischen einem Leben nach christlichen Idealen (natürlich dem eines christlichen Ritters) und dem Streben nach Ansehen und Reichtum, wie ihn die verführerische "Frau Welt“ gewährt. Die letzten Zeilen seiner Reimdichtung lauten:

Von Wirzeburc ich der Kuonrat
gebe euch allen diesen Rat,
daß ihr die Welt lasset fahren
wollt die Seele ihr bewahren.

Konrat von Wirzeburc, hrsg. von Franz Roth (1843), S. 8.

Konrats „Herbstlied“ ist ein hübsches Beispiel, wie seit vielen Jahrhunderten über Naturphänomene persönliche Gefühle mitgeteilt werden. Und immer noch erfreut es die Leser.

Herbstlied

Schon zittert die Linde, vom Winde beraubet,
Der dort sie vorm Walde zu balde entlaubet.
Und wie sich die Heide im Leide nun übet,
So hat mir die Minne die Sinne betrübet.

Und sehnende Leiden bescheiden mir Sorgen;
Die muß ich mit Zagen ertragen – verborgen.
Die huldreich sonst blickte, die schickte mir Kummer,
Seit sie mir verhohlen gestohlen den Schlummer.

Konrat von Würzburg, Nachgedichtet von Wilhelm Storck.
Aus: Wilhelm Storck, Buch der Lieder aus der Minnezeit (1872), S. 285 f.

Der nach drei Seiten abfallende Bergrücken war schon jahrhundertelang in vorchristlicher Zeit besiedelt. Die spätere Burganlage auf dem Marienberg wurde im Bauernkrieg 1525 nicht erobert. Der Aufstand wurde von Fürstbischof Conrad niedergeschlagen. Sein Grabmal finden Sie im Dom, an der Südost-Wand.

„Gegen die Kanonen von 1866 war mit dem alten Kasten nix mehr zu machen ... Aber in früheren Zeiten soll die Marienburg uneinnehmbar gewesen sein. Das ham die Bauern 1525 zu spüren kriegt", meinte Franz. „Wie ich noch in der Fortbildungsschul war, is unser Lehrer emal mit der ganzen Klass' auf die Festung gegangen. Da hat er uns das g'sagt, wie's im Bauernkrieg zugegangen is. Wir ham bei der Gelegenheit auch den alten Turm mit dem tiefen Turmverließ g'seh'n … Damals hat in Würzburg der Fürstbischof Conrad regiert, und die fränkischen Bauern ham den Aufstand auch mitgemacht. Es war ein richtiger Krieg gegen die großen Herrn. Sogar ein Teil von den Würzburger Bürgern is mit den Bauern gegangen. Die Bischöflichen ham sich auf die Marienburg zurückziehen müssen und die Bauern ham unter der Alten Mainbrücke Holzflöße festgemacht, damit sie über den Main ham gehen können ..." „War denn die Brücke scho zusammeng'schossen?" „Nä, aber von der Festung ham sie auf die Brücke schießen können. Da sin die Bauern auf den Flößen unter den steinernen Brückenbogen über'n Main. Da ham die von der Festung nicht schießen können.
Drüben auf dem Nikolausberg, wo jetzt das Käppele steht, ham die Bauern ihre G'schütze g'habt und rüber auf'n Marienberg g'schossen. Aber erreicht ham se nix damit. Damals hat man noch nit weit schießen können ... Die Bauern ham sich die Schädel eingerannt, weil sie die Festung stürmen wollten ... Die richtige Führung hat ihnen g'fehlt. Der Ritter Florian Geyer, der's mit den Bauern g'halten hat, war nit da und die anderen Anführer war'n rechte Draufgänger, ham aber zu wenig Überlegung g'habt. Am 25. Mai 1525 ham sie nachts g'stürmt und sin mit Kugel, Steinen und Pechkränz empfangen worden. Zweimal hams probiert, und jedes Mal ist es das Gleiche gewesen. Hat viel Blut gekost, die Nacht."

Felix Fechenbach (1894–1933), Der Puppenspieler. Ein Roman aus dem alten Würzburg. Hrsg. von Roland Flade und Barbara Rott (1988), S. 158 f.

Felix Fechenbach wurde wegen seines sozialdemokratischen Engagements und seiner Herkunft aus einer jüdischen Familie „auf dem Wege" nach Dachau ermordet.

Den Maschikuliturm hat Balthasar Neumann in die Südseite der Festung eingefügt. Am Hang wächst der „Würzburger Leisten“

Von einem Vorgängerbau der um 1900 auf dem Berg im Norden der Stadt erbauten Steinburg ist nichts erhalten. Aber der Blick von diesem modernen Hotel auf Würzburg ist etwas Besonderes. Und auf den warmen Südhängen wächst Würzburgs berühmtester Wein, der „Würzburger Stein".

Am städtischen Schlachthof vorbei, die Veitshöchheimer Straße hinaus. Ein ganzes Stück wanderten sie die Landstraße entlang. Rechts war der Steinberg, von unten bis oben mit Reben bepflanzt, links die Bahnlinie nach Frankfurt, und jenseits der Schienen, der Main. Sie kamen an die lange schmale Treppe, die mit ihren etwa dreihundert Steinstufen durch die Weinberge hindurch hinauf zur Steinburg führt … Man ging also in die Steinburg, ein Ausflugsrestaurant, das kitschig den Baustil einer mittelalterlichen Burg nachahmte. In einer der holzgetäfelten Stuben fanden die drei noch einen freien Tisch und bestellten Federweißen.

Felix Fechenbach (1894–1933), Der Puppenspieler. Ein Roman aus dem alten Würzburg. Hrsg. von Roland Flade und Barbara Rott (1988), S. 127 und S. 129.

Vorgestern ging ich aus, einen anderen Berg von der Nordseite zu ersteigen. Es war ein Weinberg, und ein enger Pfad führte durch gesegnete Rebenstangen auf seinen Gipfel. Ich hatte nicht geglaubt, daß der Berg so hoch sei – und er war es vielleicht auch nicht, aber sie hatten aus den Weinbergen alle Steine rechts und links in diesen Weg geworfen, das Ersteigen zu erschweren, -- gerade wie das Schicksal oder die Menschen mir auf dem Weg zum Ziele, das ich nun doch erreicht habe. ... O, wie herrlich war der Anblick des Mainthales von dieser Höhe!

Heinrich von Kleist, Briefe an seine Braut (1884), S. 105 f.

Heinrich von Kleist weilte im Herbst 1800 einige Wochen in Würzburg.

Die Steinburg im Norden Würzburgs, oberhalb der Weingärten „Würzburger Stein“

Auf dem warmen Muschelkalkboden gedeihen außer dem Wein auch Rosen bestens. In den Weinbergen sind sie leider selten zu finden.

Gar lieblich war es aber auch schon im Frühjahr, bevor noch die Reben sich belaubt hatten, in den von Steinmauern eingehegten Weinbergen herum zu klettern, wann der erste Citronenfalter und der Brennesselfuchs über der blauen Scilla schwebten, oder, in späteren Wochen, die leuchtend gelbe Weinbergtulpe zu pflücken und im Brachmond – Rosenmond dürfte er hier füglich heißen – den Duft der ungezählten Wildrosen zu saugen, die ich an keinem andern Ort in solcher Fülle der Blüthen, in solcher Kraft der Stämme getroffen habe, wie dort in den schattenlosen, steinigen Halden aus dem harten Geröll des heißen Muschelkalkbodens aufsteigend und die Mauern der Rebgärten mit holdem Rosa überziehend.

Felix Dahn (1834–1912), Erinnerungen 4. Buch (1891), S. 18 f.

Felix Dahn lehrte an der Juristischen Fakultät der Universität in Würzburg von 1863 bis 1872.

Juni

An allen wilden Hecken
sind jetzt die Rosen los,
tun Büsche mit Küssen bedecken
Und flattern dir leicht in den Schoß.
Die Mädchen bleiben gern stehen,
Bei Rosen hat jeder gute Zeit.
Muß man durch Dornen auch gehen,
Für Küsse zerreißt man sein Kleid.

Max Dauthendey (* 1867 in Würzburg; † 1918 in Malang auf Java), Gesammelte Werke in sechs Bänden, 4. Band (1925), S. 211.

Heute selten: Rosen im Weinberg

Die erste steinerne Mainbrücke Würzburgs errichtete um 1133 der Baumeister Enzelin. Erneuert ward sie im Jahr 1703.

Es entspricht dem Schmucksinn des Barockzeitalters, daß er ein Bauwerk von der Bedeutung der Würzburger Mainbrücke nicht in schlichter Zweckarchitektur belassen wollte, ihm vielmehr ein repräsentatives Äußeres zu geben willens war. In der neugewonnenen Gestalt (von 1703) hat sie alle Unbilden überstanden. Auch das verheerende Hochwasser von 1784.
Das Programm der Figurierung ... repräsentiert Heiligenverehrung und politische Religiosität des Barockzeitalters in geistlichen Staaten.
Die nördlichen Figuren: Karl d.Gr. – Karl Borromäus – Johann Nepomuk – Joseph – Friedrich – Pippin.
Die südlichen Figuren: Totnan – Kilian – Maria – Colonat – Burkard – Bruno.

Otto Meyer (1906–2000), Religion und Politik um die Alte Mainbrücke (1972), S. 15 und S. 38.

Otto Meyer lehrte von 1962 bis 1974 mittelalterliche Geschichte an der Universität Würzburg.

Ein roter Wolkenballen hing über der grauen Festung auf dem Gipfel, und im steil abfallenden königlichen Weinberg blitzten die Kopftücher der Winzerinnen – die Weinernte hatte begonnen. Es roch nach Wasser, Teer und Weihrauch. Ein paar Knaben, die lachend und schreiend „Nachlauferles" spielten, um die zwölf mächtigen Brückenheiligen aus Sandstein herum, vom heiligen Kilian zu Totnan und von da zu Pippinus, standen erschrocken still und versteckten sich hinter Sankt Colonatus, denn Herr Mager, der Volksschullehrer und Tyrann vieler Generationen Knaben, schritt über die Brücke.

Leonhard Frank (* 1882 in Würzburg, † 1961 in München) 4 Bde., Bd. 1, S. 7 f.

Die Alte Mainbrücke, 1703 erneuert und mit Heiligenfiguren geschmückt

Bildstöcke an den Straßen und Madonnen an den Häusern gehören zum alten katholischen Würzburg. Meist sind es glückliche Marien, mitunter aber auch, wie hier, eine „Maria im Leide", eine Pietá.

Mich ruft dein Bild in meiner Brust,
Es kommt zu mir und weint.
Im Leide fühl ich mich bewußt
Und eng mit dir vereint.

Im Leide treffen wir uns still,
Da trennt nicht Land noch Meer.
Dein Schmerz, der bei mir wohnen will,
Er findet zu mir her.

Das Leid, es ist ein fester Ort
Für unser Stelldichein.
Dort kommst du zu mir ohne Wort,
Bin nie im Leid allein.

Max Dauthendey (* 1867 in Würzburg; † 1918 in Malang auf Java), Gesammelte Werke in sechs Bänden (1925), Bd. 4, S. 333.

Chor der gotischen Deutschhaus-Kirche am Zeller Berg im Mainviertel;
im Vordergrund ein alter Bildstock mit Pietà

Die Deutschhaus-Kirche am Zeller Berg ward auf den Fundamenten der Königspfalz – in der vermutlich die Hochzeit Friedrichs I., Barbarossa, gefeiert wurde – um 1290 als Kirche des Deutschen Ordens erbaut. Als einzige der Würzburger Kirchen blieb sie 1945 von Bomben verschont.
Das anschließende Konventgebäude modernisierte Petrini am Ende des 17. Jahrhunderts. Der Durchgang führt zum Schottenanger, der früher Hinrichtungsplatz war.

Vom Dom führt eine fröhliche Straße zum Main herunter und nach der steinernen Brücke, deren Bau Rudolf von Scherenberg als Ersatz für die Hölzerne des Meisters Enzelin begann. Bis zum Jahr 1545 stand hier ein Brückengericht …
Drüben ist altertümliche Gegend; südlich führt ein behaglicher Häuserzug nach der ältesten der erhaltenen Kirchen Würzburgs ... und zum Burkarder Tor; nördlich liegt die schöne, gotische Deutschherrenkirche, deren Turm der Rest einer königlichen Burg sein soll, die die Hohenstaufen an dieser Stelle als bischöfliches Lehen besaßen.
Möglicherweise hat hier die Hochzeit Barbarossas mit Beatrix von Burgund stattgefunden.

Ricarda Huch (1864–1947), Im Alten Reich. Lebensbilder deutscher Städte. Der Süden (1927), S. 13.

Der Schottenanger, jetzt ein stiller Platz, war einst eine Richtstätte; am 19.7. im Jahr 1476 wurde dort Hans Behaim, der Pfeifer von Niklashausen, verbrannt.

... Der Taubergrund, wo die kommunistische Flamme unter den gequälten Bauern aufschlug, gehörte gräflich Wertheimschen Gebiet; da die Grafen nicht einschritten, hielt es der Bischof für nötig, sie zu zertreten. Keine Regierung zu irgendeiner Zeit hätte anders gehandelt; die Strafe des Verbrennens entsprach dem damals geltenden Recht.

Ricarda Huch (1864–1947), Im alten Reich. Der Süden (1927), S. 9.

Der junge Pfeifer, Hans Behaim, hatte zu predigen begonnen:

„wie ime die hochgelobt iungfraw Maria erschinen vnd befolhen hette ... das ain ieder von sunden abstehen, den geschmuck, hoffart, seidene schnure, brusttuchere und spitzige schuhe hinlegen und gein Niclaushausen wallen solten ... Were dahin keme vnd die jungfrawen Marie da ehret, der hette vergebung aller sünd."

Dis predigen tribe er ... alwegen vf die sontag ... Am ersten lieffen die nechsten nachbauren aus den vmbligenden flecken .. dornach von dem Otenwalde vnd gantzem Mainthale... Zum letzten ... vom Rein, ausz Francken, Schwaben vnd Bairn, frawen vnd man, jungk vnd alt, lieffen die handwergsknechte aus der werckstat, die bauren knecht von den pflugen und die gras meidlein mit iren sichelstümpfen on alles vrlaub (Erlaubnis, Freistellung) irer meister vnd herschaft dahin, liessen ligen vnd stehen werckzeug, pfluge, pferde, kötzen vnd anders vnd eileten gein Niclaßhausen in den claidern, darin si dise tobsucht begriffe. Man sagt fur glaublich, das mer dan aines bei virtzigk thausent (vermutlich etwa nur 4000) menchen vf ein tag dahin komen sein. Da waren koche, wirte, kramere vnd allerlei handwergs leut mit irer hantirung nit anders, dan wie in ainem grossen gewaltigen krieg vnd veldlager.

Lorenz Fries (* 1489, † in Würzburg 1550), Chronik der Bischöfe von Würzburg, IV. Bd. (2002), S. 251 ff.

Denkmal für den Pfeifer von Niklashausen auf dem Schottenanger
hinter der Deutschhaus-Kirche, das Heinrich Schreiber gestaltete

Das linke Mainufer westlich der alten Brücke war dicht bebaut; hier wohnten vor allem viele Fischer. Ihre Zunft reicht bis in das Jahr 1010 zurück, eine der ältesten Zünfte im deutschen Sprachraum. Das alte Fachwerkhaus am „Platz der Fischerzunft" westlich des Mains – im Meeviertel, wie die Alt-Würzburger diesen Stadtteil nennen, gehörte ihnen.

Sie kannten ihre Rechte, waren auf sie bedacht und sie beschwerten sich bei dem Fürstbischof:

„wegen deß allenthalben in der nachbarschafft, sowohl oben alß underhalb der Statt nun Vihl jahr … Von Jeder man Unzulässiges fischen, in der Uns allein verliehenen fischwaith…"; und sie erfahren „beharlichen schaden täglich".

Mathias Trost, Das Fischrecht der Würzburger Fischerzunft am Main (2004), S. 125.

„ … der rat hat geratslagt, das ein iglicher fremder vischer, der dann vische her gein Wirczpurg furt nicht lenger denn drey" aufeinanderfolgende Tage in der Woche … die Fische verkaufen darf; „und die er nicht verkaufft hat, die sol er in derselben wochen nicht mere zu marckt tragen …"
„alle personn, die gesalczen und durre vische feile haben … die solle nebeneinander steen vor dem hoff zu Ganheim …"

(Der Hof Gänheim lag beim heutigen Sternplatz, Domstraße 34)

Würzburger Ratsprotokolle 1435–1454 (2014) S. 68 f.

Platz der Fischerzunft auf dem linken Mainufer

Nach der Reformation wurde im Rahmen der Gegenreformation durch Fürstbischof Julius Echter die Heiligenverehrung sehr gefördert. Vor allem beliebt waren Marienstatuen. Ob mit Kind oder ohne – viele Häuser in der Altstadt sind mit ihnen geschmückt.

Marienbild

Und wär die silberne, zerbrechlich-schmale
Mondsichel schwebender und leichter noch,
sie trüge dich, Maria, über alle
Gestirnebreiten dort im Himmelssaale
und über unserm dunklen Erdentale
hier drunten engelgleich beseligt doch.

So leicht bist du. Und dennoch, deinen Händen
ist Erd und Himmel nicht zu schwer: aus Harm
und der Vernichtung wilden Feuerbränden
und Angst gefügt die Erde, ohne Enden
der Himmel strahlend – Du hältst, Leid zu wenden
in deinem Kind die ganze Welt im Arm.

Johannes Bobrowski (1917–1965), Gedichte aus dem Nachlaß (1998), S. 112.

Johannes Bobrowski weilte 1936 und 1952 in Würzburg.

Madonna mit Kind auf der Mondsichel am Platz der Fischerzunft

Plötzlich rollten die Fuhrwerke unhörbar auf dem holprigen Pflaster, die Bürger gestikulierten, ihre Lippen bewegten sich – man hörte keinen Laut; Luft und Häuser zitterten, denn die dreißig Kirchturmglokken von Würzburg läuteten dröhnend zusammen zum Sonntagabendgottesdienst. Und aus allen heraus tönte gewaltig und weittragend die große Glocke des Domes, behauptete sich bis zuletzt und verklang. Die Unterhaltungen der Bürger und die Tritte einer Abteilung verstaubter Infanteristen, die über die alte Brücke marschierte, wurden wieder hörbar. Über der Stadt lag Abendsonnenschein.

Leonhard Frank (* 1882 in Würzburg, † 1961 in München) Werke 1–4 (1991), Bd. 1, Räuberbande, S. 7.

Die meist sehr belebte Alte Mainbrücke – von der Westseite mit Blick auf Rathausturm (Turm des Grafeneckart) und Dom

Der Grafeneckart ist der älteste Teil des Würzburger Rathauses, ein Gebäude mit angebautem Turm, das um 1190 nur zweigeschossig war und dem Grafen Ekehardus gehörte. Später gelangte es in den Besitz des Würzburger Patriziers Rebstock und wurde am 5. März 1316 der Stadt verkauft. Seitdem mehrfach aufgestockt und umgebaut, blieb es aber immer Rathaus. König Wenzel speiste vermutlich an einem Abend 1397 hier im „grünen baum", dem heutigen Ratskeller.
Der „Grünbaum", an die Südfront des Rathauses gemalt, erinnert an die Gerichtslinde, die vor Zeiten an der Stelle des Vierröhrenbrunnens gestanden hatte.

Auf den Rath einiger Männer von Eibelstadt hatten die Bürger von Würzburg einige Bergknappen in Sold genommen und ließen von diesen oberhalb von St. Burkard ein Oeffnung im Berge, gegen das Schloß zu, machen. Sie wollten diese, wenn sie weit genug gediehen wäre, mit Pulver füllen und solches entzünden. … Als aber das Unternehmen gar wenig sichtlichen Fortgang hatte, gaben sie solches wieder auf…
Endlich wurde auf anhaltendes Drängen der Würzburger im Bauernrathe beschlossen, noch einen Sturm zu versuchen – und solchs allenthalben in der stat offentlich ausgeschrihen: „welcher das sloss sturmen helfen wolte, dem solte darumb ein guter sold gegeben werden; daruf er sich zum grunbaum fugen und anschreyben lassen mogte." Und damit die brüdere desto wiliger zum sturme weren, verhiessen sie inen, wan sie das sloss eroberten, alles silbergeschirr, barschaft und hausrate … Aber es komen nit vil, die sich einschreyben liesen.

„Würzburger Chronik" (nach Gropp) 2. Bd. (1924), S. 58 f. und (2. Absatz) **Lorenz Fries** (* 1489, † in Würzburg 1550), Die Geschichte des Bauernkrieges in Ostfranken, hrsg. von A. Schäffer und Th. Henner, 2 Bde. (1883, ND 1978), Bd. 1, S. 258.

… Da is dann großes Gericht g'halten wor'n in Würzburg und im ganzen Herzogtum Franken. Von den Würzburger Bürgern, die's mit den Bauern g'halten ham, sin gleich zwei geköpft wor'n. E ganze Anzahl ham se eing'sperrt im Grafen-Eckarts-Turm. Fünf davon ham später noch ihr'n Kopf verlorn und die andern ham bös blechen müssen. Eh sie wieder rauskommen sin … Mit dem Bauernkrieg war's bald darauf überhaupt aus.
(Zu den aus dem Gefängnis Entlassenen gehörte auch Würzburgs Bürgermeister Tilman Riemenschneider)

Felix Fechenbach (1894–1933), Der Puppenspieler. Ein Roman aus dem alten Würzburg, hrsg. von Roland Flade und Barbara Rott (1988), S. 158 f.

Der „Grafeneckart", Würzburgs altes Rathaus

Der Vierröhrenbrunnen vor dem Rathaus ist einer der ältesten öffentlichen Brunnen mit stets laufendem Wasser. Balthasar Neumann (wofür war er nicht zuständig?!) legte ihn beim Umbau der städtischen Wasserleitungen an und Johann Peter Wagner, dessen Figuren auch den Residenzgarten zieren, gab ihm 1766 das heutige Aussehen. Hier war der Marktplatz und auch Tagelöhner warteten hier auf Aufträge. Ein Relief an der Commerzbank auf der Südseite des Platzes erinnert an das Caféhaus Hirschen.

Im Café Hirschen traf sich der Bäckermeister Hein jeden Samstagnachmittag mit ein paar Innungskollegen ... Vorne am Fenster saßen sie immer. Da konnte man sich behaglich auf die Polsterbank setzen und das Treiben unten auf dem Platz beim Vierröhrenbrunnen beobachten ... Um den Brunnen herum hielten die Lohndroschken mit ihren alten Gäulen, vor dem „Hirschen" standen die Lastfuhrwerke der Boten aus den Dörfern um Würzburg, ein Dienstmann war hier stets zu treffen, und die Straßenbahn hatte auch eine Haltestelle am Vierröhrenbrunnen, sodaß immer was los war. Man sah allerhand, wenn man so vom ersten Stock im „Hirschen" herunter schaute.

Felix Fechenbach (1894–1933) Der Puppenspieler. Ein Roman aus dem alten Würzburg, hrsg. von Roland Flade und Barbara Rott (1988), S. 158 f.

Eine Werbe-Anzeige von 1838 lautet:

Das Kleidermagazin von Gabriel König, Kleidermacher in Würzburg, nächst dem Vierröhren-Brunnen, 3. Distr. Nro. 186 im 2ten Stock ist beständig mit feinen Kleidern nach dem neuesten Geschmack gut assortirt, und besonders jetzt mit schönen Mänteln und einer reichen Auswahl von Winterwesten wohl versehen, die möglichst billig abgegeben werden.

Beilage zum Intelligenz-Blatt von Unterfranken und Aschaffenburg, Nro. 252, 25.10.1838.

Der Vierröhrenbrunnen vor dem Grafeneckart, dem Rathaus

Die Schrift auf dem Wasserstandsanzeiger am Rathauseingang ist für junge Leute schwer lesbar. Schwer zu verstehen wohl auch folgende Inserate:

Im 2. Distr. Nro. 171 in der kleinen Bronnbachergasse ist eine Wohnung von zwei Zimmern, Küche, Bodenkammer, Keller und Holzlege stündlich oder ab Lichtmeß zu vermiethen.
Ein honnetes gebildetes Frauenzimmer, welches viele Fertigkeiten im Klavierspielen hat, wünscht Unterricht zu geben. Welches? erfährt man im 1. Distr. Nro. 250.

Beilage zum Intelligenz-Blatt von Unterfranken und Aschaffenburg, Nr. 269 und 278 vom 15. und 27. November 1838.

Die Schriften löschen langsam aus, der Sinn
vergeßner Worte stirbt in tausend Jahren.
Die lauten Zeiten gehen drüber hin,
was werden die Jahrhunderte bewahren?

Hermann Gerstner (* 1903 in Würzburg, † 1993 in Grünwald bei München), Buch der Gedichte (1943), S. 58.

Ich weiß nicht, was ich bin. Mein Weg läuft schief.
Um mich herum, ein wirres Kreiselspiel.
Mein Denken, das zwar immer nach mir rief,
Sagt mir nicht, was ich bin, sagt mir kein Ziel.
    Nie kann etwas in mir mich ganz begreifen.
    Denn wie begriffe ich dies Etwas dann?
    Ich kann Begriffe auf Begriffe häufen:
    Und wo man aufhört fängt's von vorne an...
Sonne ist Nacht, denn Freude ist nicht mehr!
Was könnte ich mit Freude mir gewinnen?
– Doch der da fragt: ist jede Fülle leer?
Kann der jemals in ein Nichts zerrinnen?

Arthur Drey (* 1890 in Würzburg; † 1965 in New York City), Der unendliche Mensch (1919), S. 26.

Die enormen Hochwasserstände in Würzburg sind abzulesen an der Westseite des Rathauseingangs

Die Domstraße führt von der Alten Mainbrücke zum Dom. Sie ist eine der Hauptgeschäftsstraßen Würzburgs.

Ich hatte einen Traum. Ich träumte, daß ich in Weinburg war, der Stadt meiner Kindheit. Kirchenglocken läuteten. Ich stand auf von dort wo ich saß, und war groß und erwachsen, wie ich es in meiner Kindheit nicht gewesen bin. Ein sonderbares Verlangen, neue Schuhe zu kaufen, trieb mich aus dem Haus. ...
Vor der Haustür, die wieder zu meinem Haus in Jerusalem gehörte, spielten kleine Mädchen. … Auch die kleine Ruth spielte dort. Ich sagte ihr, das könne doch nicht sein, denn wir seien schon groß und man habe sie doch in dem fürchterlichen Krematorium verbrannt. Aber sie ließ sich nicht beirren, sondern hüpfte mit kindlichen Sprüngen hinter mir her, bis wir die vornehme, erleuchtete Straße erreicht hatten, die nun wieder der in Weinburg glich.
Wir betraten ein Schuhgeschäft. Ich sagte zu ihr: „Du gehst besser. Sonst streiten wir uns über jeden Schuh, den ich anprobiere.“ ... Ich probierte einen Schuh nach dem anderen, während die kleine Ruth mir mit ernstem Gesicht wie ein Engel gegenüber saß. Ihr Vater, der Gemeinderabbiner Dr. Mannheim, stand auf einer Leiter, in seinem schwarzen Mantel mit dem Gebetsschal darüber, den eine schwere, üppige Silberborte zierte. Er stand so wie in der Synagoge während der Thoralesung. Ich ging den weichen Läufer auf und ab, um die Schuhe zu prüfen. Dann sagte Ruth auf einmal: „Du willst es nur bequem haben, daß es bloß nicht drückt. Sogar eine Frau, die Ruth heißt wie ich, hast du dir ausgesucht, um es leicht und bequem zu haben.“ Am Ende behielt ich nur Sandalen an den Füßen.
Ich erwachte mit einem schneidend-scharfen Sehnsuchtsschmerz im Innern, wollte plötzlich wieder in meiner Kindheit und meiner Geburtsstadt Weinburg sein und konnte mich lange nicht beruhigen.

Jehuda Amichai (* 1924 als Ludwig Pfeuffer in Würzburg, † 2000 in Jerusalem), Nicht von jetzt, nicht von hier (1992), aus dem Hebräischen von Ruth Achlama, S. 14.

„Weinburg“ steht in diesem Buch für Würzburg.

Blick in die Domstraße

Die erste Bischofskirche in Würzburg, eingeweiht 788, stand etwas nördlich des jetzigen romanischen Domes, der zwischen 1040 und 1075 erbaut wurde. Die Zeiten der Gotik und des Barock sowie neuere Renovierungen haben manches verändert. Von den Zeiten, die der Dom durchgestanden hat, sprechen viele Kostbarkeiten in seinem Innern.

Er ist der einzige, der dich immer segnet.
Er lächelt manchmal, bringst du deine Schmerzen
zu ihm, vertrauend seinem lieben Herzen,
das dir in seinen Händen leis begegnet.

Er segnete jahraus jahrein die Ernten.
Dem Sämann folgt sein Blick, dem Hirt, den Herden.
Die Menschen, die vorübergehen, werden
sehr still bedenken, was sie von ihm lernten.

Johannes Bobrowski (1919–1965), Gedichte aus dem Nachlaß (1998), S. 11.

Altes Steinkreuz in der Domkrypta

Der Marmor beruhigt die Füße der Hinaufgehenden
Wie der Marmor die Füße der Herabsteigenden beruhigt
Wie der Marmor, der die Toten in ihren Gräbern beruhigt.
Je weiter die Stufen hinaufführen
Desto weniger abgenutzt sind sie.
Die oberen sind wie neu
Für die Seelen, die keine Spuren hinterlassen.
Wie Menschen, die in hohen Erdregionen wohnen
Ihre Stimmen sind singender, wenn sie reden
Bis hinauf zum Gesang der Engel im Himmel.

Zwei verschwanden in einem Haus
Zünden Licht an. Dann löschen sie es aus.
Die Stufen gehen vom Dach hinaus in den Raum der Nacht
Wie in einem nicht vollendeten Gebäude.

Jehuda Amichai (* 1924 als Ludwig Pfeuffer in Würzburg, † 2000 in Jerusalem), Auch eine Faust war einmal eine offene Hand. Aus dem Hebräischen von Elisa Stadler (1989), S. 33.

Kreuzgang am Würzburger Dom mit vielen Grabsteinen

Tilman Riemenschneider (∗ um 1460 in Heiligenstadt/Thüringen, gestorben 1532 in Würzburg) prägte mit dem besonderen Stil seiner Werke in Holz und in Stein nicht nur Würzburg, sondern auch die weite Umgebung.

Zwei Grabmäler treten unter den zeitlich folgenden hervor: es sind die, aus denen der Geist Tilman Riemenschneiders uns anspricht. Das eine stellt Rudolf von Scherenberg dar, der starb, als der Künstler eben zum Mann erwachsen war. Ein Nürnberger Arzt besuchte den Bischof auf dem Marienberge und wurde von ihm, der damals 94 Jahre alt war, gütig empfangen und bewirtet. Träumerisch zurückblickend erzählte der Alte, was für eine harte Jugend er durchlebt habe, wie er von der Armut gedrückt gewesen sei und wie er es sich in seinem Amte habe sauer werden lassen, um das verschuldete Bistum wieder in guten Stand zu versetzen. Vierzehn Tage später starb er.

Riemenschneider hat ihn persönlich gekannt und es ist anzunehmen, daß er ihn so dargestellt hat, wie er ihm erschien. Das hohe Alter hat seine Körperlichkeit so aufgezehrt, daß sie wie ein dünner Schleier über dem Antlitz liegt, unter dem man die Seele wie ein Sternenlicht beben sieht. Alles was an irdischer Leidenschaft und Wahn im Menschen ist, hat sich in erkennende Milde gewandelt; aber in den Falten des Schleiers sieht man, wieviel Mühe und Schmerz diese Verklärung gekostet hat.

Wer würde glauben, daß dieser Greis den sogenannten Pfeifer von Niklashausen ... ergreifen und verbrennen ließ?

Ricarda Huch (1864–1917), Im Alten Reich. Lebensbilder deutscher Städte. Der Süden (1927), S. 9.

Das Grabmal des Fürstbischofs Rudolf Scherenberg (1401–1495) von Tilman Riemenschneider im Langschiff des Würzburger Domes

Ich umschlinge deine Hand und zerpresse alles Leiden,
In schmiedenden Küssen den angstwachen Traum,
Daß keine Tage mehr sind und kein Raum
Zwischen uns beiden.

Ich zerküsse deine Lippen, deine Stirn, deinen Blick,
Daß Gärten erblühen und singen. Und die Wonne
Und Schöpfung der Welt kehrt zurück
Zum ersten Morgen der Sonne.

Arthur Drey (* 1890 in Würzburg, † 1965 in New York), Der unendliche Mensch (1919), S. 50.

Entschlafung Mariens – steinerne Figurengruppe aus der Werkstatt Tilman Riemenschneiders im Dom, Nordwestwand

Am 7. Juli 1525 schickte die Stadt Würzburg, die sich auf die Seite der aufständischen, nun aber unterliegenden Bauern gestellt hatte, ein Abordnung von Bürgern, darunter Martin Cronthal, „demutiglich und zu fuss" über die Brücke, um einen Friedensschluß zu erbitten, der ihnen von den Fürsten kompromißlos zum Unterschreiben vorgelegt wurde. Der Stadtschreiber berichtet:

... und uf anforden der fursten wurden die furgeschlagen articel ... sich in gnad und ungnad zu ergeben, zugesagt mit untertheniger bitt, sich gnediglich gegen sie zu erweisen, wolten sie sich hinfur halten als fromme, gehorsame unterthan ... ward aber nichts zugesagt ... Nachfolgents ward ihnen gerathen, dass sie alle uf morgen *(8. Juni 1525)*, als lieb ihnen leib und leben wär, um 7 hor ufm marck vor der Greden ... zu erscheinen.
Da kamen die fursten ... mit dem Bischof von Wurtzburg geritten ... mit viel landsknecht, umringten erstlich die burger ... Da stund mancher biedermann, dem die Aufruhr nit lieb gewest, in grossen engsten ... und alsbalden hat man drey henker wie die freisamen wölf hinzutreten heisen. Da sind alsbalden enthaupt worden: Jacob von Eybelstatt ... alle ubrige person von Wurtzburg hat man zwischen den landsknechten zum Grunbaum geführt ... Doneben wurden von stätten uf dem Judenplatz ob den 24, uf dem Rennweg etlich und 36 enthaupt, schuldig und unschuldig ... es was dieser zeit alles recht, was man gegen den armen furnahm, und die menschen wie die hüner geschetzt ...
Tilman Riemenschneider, Hanns Hornung, des raths, Martin Cronthal, stattschreiber ... alle 40 von Wurtzburg ... die hat man gefenglich uf den berg gefurt ... entpfangen mit heftigen fluchen „ihr bosswichter, ihr habt uns hie oben wollen schinden, wir wollen euch braten"... und dieweil sie also gefenglich gelegen, hat man Tilman Riemenschneider, Hanns Bauern und Hans Rudiger aus ihren gefengnussen gefurt und sind diese vom hencker hart gewogen und gemartert worden ... und nach 9 wochen weniger zwen tag ... sind sie uf dienstag *(8. August)* des 1525 jahrs aus gefengnus herab in die statt gelassen worden, ein jeder uf verpflichtung ... und aufgelegter grosser merklicher schatzung *(Strafzahlung)*.

Martin Cronthal, Stadtschreiber zu Würzburg, Die Stadt Würzburg im Bauernkriege. Hrsg. von Michael Wieland (1887), S. 88 ff.

Martin Cronthal, Stadtschreiber in Würzburg seit Ende 1504, war, vermutlich wegen einer mißverstandenen oder kritischen Äußerung, zusammen mit Riemenschneider ins Gefängnis geworfen worden. Nach seiner Entlassung gegen „Urphede" (= geschworener Racheverzicht), etwa gleichzeitig mit T. Riemenschneider, wurde er vom Bischof seines Amtes enthoben.

Kopie des Grabmals von Tilman Riemenschneider an der nördlichen Außenwand des Domes

In der Franziskanergasse lebte Tilman Riemenschneider von 1483 bis zu seinem Tod 1531. Er mußte zwei Monate (8.6. bis 8.8.1525) im Kerker der Festung Marienberg verbringen. Nach seiner Kerkerhaft fehlten die Aufträge. Denn auch an ihm und seiner Werkstatt hatte das neue reformatorische Denken kein Interesse mehr.
Gegenüber wohnte etwa zwei Jahrhunderte später Balthasar Neumann.

Der Verurteilte

Am Morgen kam seine Mutter.
Sie saß den ganzen Tag bei ihm.
Er kniete an ihrem Schoß,
Weinte in ihr zärtliches Kleid,
Lachte in ihre küssende Hände,
Und weinte;
Hätte den ganzen Körper
In sie hineinweinen mögen.
Sie war ihm so hell wie ein einziger Stern.
    Sie sprach: Mein Kind,
    Mein liebes Kind.

Arthur Drey (* 1890 in Würzburg, † 1965 in New York), Der unendliche Mensch (1919), S. 62.

Wohn- und Sterbehaus von Tilman Riemenschneider in der Franziskanergasse

Die Tragik des Lebens, die in der mittelalterlichen Kunst sich gestaltete, hat das Rokoko mit graziösen Girlanden gedeckt und sich mit der Lieblichkeit des Maintals verbündet, sodaß es scheint, als wäre Würzburg der Tanzsaal des Reichs. Und doch ist gerade in Würzburg Blut in Strömen vergossen, viel Schmerz erlitten und Klage erstickt. Die Spuren davon findet der tiefer Eindringende auch im Antlitz der Stadt; trägt doch das Werk Tilman Riemenschneiders, des größten Würzburger Künstlers, Züge unauslöschlicher Trauer. Wenn die Götter eines Zeitalters besiegt sind und fliehen müssen, erfüllen sie noch einmal eines Menschen Brust und zwingen ihn, ihnen ein dauerndes Denkmal zu setzen; so mußte Tilman Riemenschneider den Schwanengesang der Gotik singen, und tat es, indem er sich selbst sang.
Ob er Bischöfe, Ritter, Apostel oder Heilige darstellte, durch ihr Gesicht scheint immer wie durch eine durchsichtige Maske das seinige mit dem Ausdruck unergründlicher Schwermut. Weniger zornigen, herzzerreißenden Schmerz stellt er dar, der vergehen könnte, sondern das göttliche Weh des Allwissenden, das dauert, solange es Menschen gibt.

Ricarda Huch (1864–1917), Im Alten Reich. Lebensbilder deutscher Städte. Der Süden (1927), S. 6.

Lorenz Fries spricht in seiner Einleitung zur Chronik des Bauernkrieges 1525 als von einer

erschrockenlich sindfluss... nit des wassers... sonder ain sindflus des bluts; dann allein in teutscher nation mehr dan hunderttausend menschen ... in sechs wochen ersoffen und umbekomen sind. Und wiewol die angezaygt sindflus, das hohe Teutschland vast an allen orten durchwuttet, so hat sie doch an kainem ende so heftig und erschrockenlich eingetrungen, als in dem stifte Wirtzburg und herzogthumb Francken, wie du dan hernach clarlich lesen wurdest; dan dieweyl ich, Lorentz Fries von Mergetheim, aygner persone dabey und mit gewest, selbst gesehen und gehoret, wie sich die selbig entsprung zu und umb Wirtzburg begeben, zugetragen, gehalten und geendet, auch vil brief und schriften zu maynen handen bracht ...

Lorenz Fries, Die Geschichte des Bauernkrieges in Ostfranken, hrsg. von A. Schäffler und Th. Henner (1883, ND 1978), 2 Bde., 1. Bd. S. 3.

Tilman Riemenschneider, eine der drei Künstlerfiguren am Frankonia-Brunnen vor der Residenz, eine Marienstatue schnitzend

Walther von der Vogelweide, Sänger und Poet, erhielt um 1215 ein Reichslehen, das bedeutet seinen Lebensunterhalt in Würzburg.
Das Grabmal Walthers von der Vogelweide steht im „Lusamgärtlein", dem Rest des „Grashofes" hinter der Kuppelkirche Neumünster, wo Walther einst begraben worden war. Oft werden Blumen niedergelegt – seine Liebeslieder sind heute noch bekannt.

Wo ein Lieb von Leid befreit
Selig bei dem andern ruht,
Denen kommt die Winterzeit,
Denk ich immerdar zugut.

Sommer oder Winter,
Beide Freuden bringen
Drum soll beiden Lob erklingen!

Hat der Winter kurzen Tag
Hat er dafür lange Nacht,
daß sich Leib und Liebe mag,
wohl erholt und neu entfacht.

Was hab ich da gesprochen?
weh – hätt ich doch geschwiegen!
Wollt ja mehr noch bei ihr liegen.

Walther von der Vogelweide (* um 1170 bei Bozen, † 1230 in Würzburg), Lied 117 in der Lachmannschen Ausgabe, nach Richard Zoozmann (1907), S. 74.

Gedächtnisgrab Walthers von der Vogelweide im Lusamgärtlein hinter der Neumünsterkirche

Der Frankoniabrunnen wurde erst 1894 errichtet. Vielleicht ist er ein tröstendes Loblied auf das Herzogtum Franken, das 1814 endgültig an Bayern gekommen war. Bis 1821 hatte ein eisernes Gitter den Vorhof des Residenz begrenzt. Drei fränkische Künstler werden mit dem Brunnen geehrt, Walther von der Vogelweide, Tilman Riemenschneider und Matthias Grünewald, der mit Aschaffenburg verbunden ist. Die geharnischte Dame obenauf ist eine Allegorie Frankens.

Mächtiger Gott, du bist so lang und bist so breit!
Bedächten wir's, – daß wir Mühe nicht und Zeit
Verlörn! Ungemessen hast Du Macht und Ewigkeit.
Ich weiß an mir wohl, daß auch andre viel darnach gerungen.
Doch immer blieb es unseren Sinnen Unerforschlichkeit:
Du bist zu groß, du bist zu klein – drum ists mißlungen.
Ein Thor, der Nacht und Tag durchspäht die Dämmerungen!
Will wissen er, was nie gepredigt noch gesungen?

Walther von der Vogelweide (* um 1170 bei Bozen, † 1230 in Würzburg),
bearbeitet von Karl Simrock, Gedichte Walthers von der Vogelweide (1853), S. 153.

Die sicherste Art, einen Schatz zu verstecken: einfach so tun, als gäbe es ihn nicht. Insofern ist die Frage nach Gott und dem Umgang mit ihm die einfachste aller Fragen. So hat es mir auch Sebastian erklärt. Ob es Gott gibt? Wenn du willst, ja ... dann ist er da. Wo immer, wann immer du ihn brauchst. Aber - wollen Sie ihn wirklich wegen jeder Kleinigkeit belästigen? Wäre es dann nicht für alle Beteiligten besser, einfach so zu tun, als existierte er nicht?

Gregor Eisenhauer (lebt meist in Berlin, manchmal in Würzburg), Die 10 wichtigsten Fragen des Lebens – in aller Kürze beantwortet (2. Auflage 2016), S. 217.

Walther von der Vogelweide, Figur am Frankonia-Brunnen
vor der Residenz

Das „Bürgerspital zum Heiligen Geist" geht auf eine Stiftung im Jahre 1316 zurück. Wie anerkannt es von Beginn an war und wie die Stiftung funktionierte, zeigt ein Eintrag in den Würzburger Ratsprotokollen vom 10. März 1446:

… off diesen rate ist Beczolt Kaüffman vorm rate gewest und gebeten, das man in wölle in das spital uffnemen, so wölle er alle sein habe nach seim tode an das spital volgen lassen und wolle darczu zusehen an den weingarten ….

Würzburger Ratsprotokolle 1432–1454 (2014), S. 209.

Der Würzburger Bürger Eck von Nicht … schenkt dem Bürgerspital zu Würzburg und den Siechen dort 6 Morgen freieigenes Weinwachs. ... Den Wein aus diesem Weinberg soll man den Siechen im Spital zum Trinken geben und zu sonst keinem anderen Zweck verwenden. Ist der Wein zu stark, so darf er mit anderem Wein vermischt werden, aber nur als Getränk für die Siechen in dem Spital.

Urkundenbuch des Bürgerspitals Würzburg 1300–1499 (1994), S. 56, Eintrag vom 18.11.1356.

In Jahren guter Weinernte erhielten die Pfründner bis zu sieben Schoppen täglich, die sie auch weiterschenken konnten.

Das Bürgerspital, Ecke Theaterstraße/Semmelstraße

Würzburg hat zwei große Spitäler, das Juliusspital und das Bürgerspital. Beide sind Stiftungen, deren finanzielles Rückgrat Weingüter sind. In Würzburg stehen diese Spitäler allen offen: für Kranke zum Gesunden, für Gesunde zum Gesundbleiben. Die Weine werden schoppenweise – in Viertele – getrunken (neumodisch ist, nur Zehntele auszuschenken!) und sind wie die Speisen der Würzburger Spitäler sehr beliebt!

Ein Spruch an der Schanktheke des Bürgerspitals lautete:

„Wist den Neue mal versüch? Har, i schenk dr ei,
Ar it gut, ich mach kee Sprüch, unner Frankenwei."

Im Gegensatz zu der rauhen Luft, die, so rasch in Wärme und jäher Abkühlung am Abend wechselnd, über die Münchner Hochebene hinstreicht, umfing hier schmeichlerisch die Sinne eine süße Weiche, eine warme Milde mit verführerischem Zauber.
Allerdings, etwas Einlullendes, Erschlaffendes eignet diesem Himmelsstrich, und wem nicht der Arbeitseifer angeboren und durch lange Zucht gesteigert ist, mag hier leichtlich in ein „dolce far niente" versinken; der köstliche und so überaus billige Wein lockt ebenfalls allerorten zu fröhlichem Genießen. Wie behaglich, wie „mollig" sitzt es sich doch unter den grünen Bäumen des hübschen Gärtleins von Haberlein (Magistris) auf dem Dominikanerplatz, wann der kühle „Schurlemurle" – eine Mischung von fränkischem Weißwein und Selterser Wasser – die Mittagshitze zu lindern scheint. Und so kann man wohl, will man streng urtheilen, sagen, daß der „genius loci" in der Stadt, wo Stein und Leisten wachsen, nicht nur feucht, auch ein klein wenig „bummelig", d.h. vergnügungs- und genußfroh ist.
Daß man aber auch gar scharf arbeiten kann zu Würzburg haben vor, neben und nach mir viele Leute gezeigt. Und ein wenig auch ich.

Felix Dahn, Erinnerungen 4. Buch (1891), S. 15 f.

Weinfest im Innenhof des Bürgerspitals

Die Marienkapelle wurde ab 1377 erbaut, dort, wo vor dem Pogrom von 1349 eine Synagoge stand. Sie ist keine Pfarrkirche, sondern Bürgerkirche und daher kirchenrechtlich nur eine „Kapelle".

Das Würzburger Frankenlied, das uns heute etwas wunderlich erscheint, ist eine von den vielen Dichtungen, die Friedrich Spee zugeschrieben sind – hier in alter Fassung:

O himmlische Fraw Königin,
du aller Welt ein Herrscherin
du Hertzogin von Francken bist
das Hertzogthumb dein eigen ist
Darumb o Mutter deine Hand halt vber uns in Franckenland

Zu Würtzburg hast du deinen Sitz
das zeigt am Schloß die hohe Spitz
darauff dein Bild glänzt hübsch und fein
wie Gold und wie der Sonnenschein
Darumb o Mutter deine Hand halt vber uns in Franckenland

Von dir wie du o Jungfraw weist
Mariaeberg der Schloßberg heist
schaw Jungfraw wie auch Grund und Erd
dich halten hie im höchsten Werth
Darumb o Mutter deine Hand halt vber uns in Franckenland

Dich Würtzburg gar im Hertzen hat
dein Kirch steht mitten in der Stadt
die scöne Kirch Capell genennt
sich deyn und dir geweyht erkennt
Darumb o Mutter deine Hand halt vber uns in Franckenland

Friedrich Spee von Langenfeld (1591–1635) studierte von 1612–1615 im Jesuitenkolleg in Würzburg, hat aber nach dem neuesten Forschungsergebnis dieses Lied nicht verfaßt. So Wolfgang Brückner, Das Herzoginnenlied stammt von 1626/1627, aber nicht von Spee. In: Würzburger Diözesangeschichtsblätter 74. Bd. (2015), S. 247-253.

Die gotische „Marienkapelle“ am Marktplatz, erbaut von 1377 bis 1479, mit ihrem besonders prächtigen Turm

Marienkapelle, Südportal mit den berühmten Figuren Adam und Eva von Tilman Riemenschneider (um 1460 in Heilgenstadt/Thüringen, † 1532 in Würzburg), dem fränkischen Stein- und Holzbildhauer.*

Im Jahre 1377 wurde anstelle der niedergerissenen Synagoge der Grundstein zur Pfarrkirche, der Marienkapelle gelegt. Nach der unheilvollen Schlacht bei Bergtheim, die die städtische Macht und Freiheit vernichtete, fanden große Schenkungen der Bürger an ihre Kirche statt; Männer gaben ihre Rüstungen, Frauen ihren Schmuck als Opfer dem Richter über den Wolken. …
Im Tympanon des Nordportals ist eine Verkündigung, in dem des Südportals die Krönung Marias dargestellt. Das Geheimnis der Verkündigung ist in der Weise anschaulich gemacht, daß vom Munde Gottvaters zum Ohr der Jungfrau ein Schlauch herabführt, der ein kleines Kind befördert, den Gotteskeim, der zugleich mit jedem körperlichen empfangen wird, insbesondere, wenn es sich um ein Gotteskind, um den Sohn Gottes handelt. Ein Buch in den Händen der Auserwählten macht den Sinn des Mysteriums noch deutlicher.
Ein reich gestickter Schleier gotischen Zierrats ist über den Leib der Kirche ausgebreitet, bunte kleine Krambuden, in denen Wachskerzen und Honiggebäck verkauft werden, kleben an ihrem Saum und verbinden sich traulich mit dem Leben des Marktes, wo im Sommer und Herbst goldgelb, rotgeflammt und grün die reiche Ernte des Maintals sich ausbreitet.
Rechts und links vom Südportal … standen Riemenschneiders Steinbilder von Adam und Eva, für die der Rat der Stadt seinem Künstler zehn Gulden über den ausgemachten Lohn gab, „dieweile si meysterlich, künstlich, zierlich und ehrlich gemacht sind.“. .. Eva noch schimmernd von Paradiesesschmelz, Adam schon berührt von der Qual und Wonne des bewußten Lebens.

Ricarda Huch (1864–1917), Im Alten Reich. Lebensbilder deutscher Städte. Der Süden (1927), S. 11.

Marienkapelle, Südportaltympanon

Der Markt war im Mittelalter am Grafeneckart. Auf dem Gelände des heutigen Marktplatzes wohnten die jüdischen Würzburger bis zum Pogrom von 1349.
Auch typisch Würzburgerisches kauft man hier, wie rohes Hiffenmark und die dünnschaligen Walnüsse im Herbst.

Heinrich von Kleist schreibt am 20.09.1800 aus Würzburg an Wilhelmine von Zenge:

Wir sind also aus unserem prächtigen Gasthofe ausgezogen, in ein kleines, verstecktes Häuschen, das Du gewiß nicht finden solltest, wenn ich es Dir nicht bezeichnete. Es ist ein Eckhaus, auf drei Seiten ganz nahe von Häusern umgeben, die finster aussehen wie die Köpfe, die sie bewohnen. … Unser Zimmer ist indessen ziemlich hell. Wir haben das Eckzimmer mit 4 Fenstern an 2 Seiten. Wenn wir weiter nichts zu tun wissen, so treten wir ans Fenster und machen Glossen über die Vorübergehenden, aber gutmüthige, denn wir vergessen nicht, daß wenn wir auf der Straße gehen die Rollen getauscht sind und daß die kritisierten Schauspieler dann kritisierende Zuschauer geworden sind und umgekehrt.
Besonders der Markt an den Sonnabenden ist interessant, die Anstalten, die nötig sind, den Menschen 8 Tage lang das Leben zu fristen, der Streit der Vortheile, in dem jeder strebt, so wohlfeil zu kaufen und so theuer zu verkaufen als möglich, auch die Frau an der Ecke, mit einer Schar von Gänsen, denen die Füße gebunden sind, um sich, wie eine französische Mamsell mit ihren gnädigen Fräulein, denen oft noch obenein die Hände gebunden sind, & &.

Heinrich von Kleist (1777–1811), Heinrich von Kleists Briefe an seine Braut (1884), S. 91 ff.

Einer der gern besuchten Marktstände auf dem Würzburger Marktplatz

Fürstbischof Julius Echter aus Mespelbrunn regierte von 1573 bis 1617. Die bedeutendsten Werke seiner langen Lebenszeit sind das nach ihm benannte Spital und die Universität. Der Fürsorge und der Kenntnisvermittlung sowie der gegenreformatorischen Festigung der katholischen Lebensweise galten seine Anordnungen.

Wie die vielen Brunnen in der Stadt laden auch Denkmäler zum Verweilen und Spielen ein.

Beim Julius-Echter-Denkmal holte er seine Mutter ein, eine kleine, dicke Frau mit nachdenklichem Gesicht, worin die klugen, guten Augen über Last und Sorgen und Auswege nachsannen. Unvermittelt konnten die Furchen der Sorge in ihrem Gesicht sich in Linien der Güte verwandeln.
Sie schleppte einen großen Henkelkorb, dessen Deckel klaffte, so daß die Kleider, die der Korb barg, zu sehen waren.
„Sechs Mark waren diesmal drauf. Und siebenundzwanzig Pfennig Zinsen hat man mir abgenommen … Fünf Mark muß ich dem Vater geben, für Vesper und Ausgehgeld, bleiben mir vom Lohn drei Mark für die ganze Woche. Und damit soll ich Essen für vier Kinder und einen Mann auf den Tisch stellen... Die Hausmiete ist auch schon fällig. Wenn ich nur einmal nimmer leben tät.“
“Für'n Vater hab ich a Täuble“, sagte die Mutter und stellte ihren Korb ab. „Er ißt's doch so gerne... Ja no, er muß ja die ganze Woche hart arbeiten ... Und wir, wir trinken halt unsern Kaffee. Trägst mir e bißle helf? … Siehst, das ist für dich.“ Sie holte aus dem Korb ein Stückchen Kuchen … Ihr Gesicht wurde tiefrot, denn sie lachte, daß ihre Schultern schütterten, und konnte sich gar nicht beruhigen, weil sie ihren Sohn mit Kuchen überrascht hatte.
Mutter und Sohn faßten den Henkel und der Korb schwebte zwischen den beiden die Domstraße hinunter und über die alte Brücke.
„Mutter schau mal die Wolke an über der Festung. Sie sieht aus wie Rom.“ Die Mutter lachte in sich hinein. „Was bist du für einer ... Wie Rooom.“

Leonhard Frank (* 1882 in Würzburg, † 1961 in München), 4 Bde. (1991), Bd. 1, Räuberbande, S. 17 f.

Denkmal des Fürstbischofs Julius Echter von Mespelbrunn in der Juliuspromenade, rechts der Südwestteil des Juliusspitals

Das Juliusspital in Würzburg wurde von dem Fürstbischof Julius Echter aus Mespelbrunn gestiftet, von 1576 bis 1579 erbaut und gilt als das erste großräumige Gebäude für Kranke in Deutschland. Gegen Ende des 18. Jahrhunderts war die rechtekkige Renaissance-Anlage durch sehr umfangreiche Neubauten bereits ersetzt und erweitert und erhielt in etwa ihr heutiges Aussehen. Diese Stiftung besteht noch immer.

Heinrich von Kleist schreibt in Würzburg am 13.09.1800 an Wilhelmine von Zenge:

... Also wieder etwas von dieser Stadt!
Eine der vortrefflichsten Anstalten, die je ein Mönch hervor brachte, ist wohl das hiesige Julius-Hospital ... ein Haus wie ein Schloss... Im inneren Hofe ist ein großer Brunnen angelegt, hinten befindet sich ein trefflicher botanischer Garten, Badehäuser, ein anatomisches Theater und ein medizinisch-chirurgisches Auditorium.
Das Ganze ist ein Product der wärmsten Menschenliebe. Jedes Gebrechen giebt, wenn es ganz arm ist, ein Recht auf unbedingte kostenfreie Aufnahme in diesem Hause. Die Wiederhergestellten und Geheilten müssen es wieder verlassen...
Dabei ist es besonders bemerkungswürdig und lobenswert, daß die religiöse Toleranz, die nirgends in diesem ganzen Hochstift anzutreffen ist, grade hier in diesem Spital, wo sie so nötig ist, Platz gefunden hat, und daß jeder Unglückliche seine Zuflucht findet in dieser katholischen Anstalt, wäre er auch ein Protestant oder ein Jude.

Heinrich von Kleist (1777–1811), Heinrich von Kleists Briefe an seine Braut (1884), S. 71 f.

Juliusspital mit Innenhof

Nicht nur für Kranke und Genesende ist der schöne Park mit ausgesuchten Bäumen ein beliebter und stiller Ruheplatz inmitten der Stadt.

Komm heim, komm heim, ich kann's nicht erwarten,
Schon schließt der Abend die Blumen im Garten,
Schon wird der Boden zu Füßen mir rot,
Die letzte Flamme der Sonne verloht.
Die Bäume erschrecken, der Wind geht nach Haus,
Meine Gedanken strecken sich nach dir aus.

Max Dauthendey (* 1867 in Würzburg, † 1918 in Malang auf Java), Gesammelte Werke in sechs Bänden (1925), Bd. 4, S. 333.

Brunnen im Garten des Juliusspitals

Die Medizinische Fakultät war schon im 19. Jahrhundert die angesehenste und größte der Würzburger Universität. Der barocke Gartenpavillon des Juliusspitals barg lange anatomische Studienobjekte und einen Vorlesungsraum. Dort lehrten Wissenschaftler wie Albert von Koelliker (1817–1905) und Rudolf Virchow (1821–1902).

Ich gehe davon aus, dass die wesentlichen Impulse für die zukünftige Entwicklung des Geistes von den Naturwissenschaften ausgehen werden ... Sie nämlich sind es, die im Zuge ihrer Grundlagenforschung mehr und mehr an die Grenzen des Denkens geraten. Dort begegnet ihnen eine Wirklichkeit, die sie weder anzweifeln noch mit den Mitteln der Logik und des analytischen Denkens begreifen können. Max Planck hat einmal bekannt: „Ich bin fromm geworden, weil ich zu Ende gedacht habe und dann nicht mehr weiterdenken konnte. Wir hören alle viel zu früh auf zu denken." Und nicht nur ihm ist es so ergangen.

Willigis Jäger (* 1925, lebte 1983–2000 in Würzburg, Mönch der Benediktinerabtei Münsterschwarzach), Die Welle ist das Meer, 5. Aufl. (2002), S. 102.

Der barocke Gartenpavillon im Garten des Juliusspitals, heute ein Raum für Festlichkeiten, war früher Anatomie

Ein Glücksfall für Würzburgs Geschichte und für die Würzburger Juden war 1987 die Entdeckung der in einem Gebäude vermauerten alten Grabsteine. Sie stammen vom mittelalterlichen jüdischen Friedhof, der auf dem nördlichen Gebiet des heutigen Juliusspitals lag, damals außerhalb der Stadt. Sie waren später südlich davon, in der Pleich, dem mainnahen Stadtteil zwischen Juliuspromende und Röntgenring, als Baumaterial verwendet worden.

Das Museum „Schalom Europa" birgt im Untergeschoss alle diese Grabsteinfragmente. Die Inschriften sind, soweit lesbar, übersetzt und bezeugen die Bedeutung und Größe der jüdischen Gemeinde in Würzburg bis zum Pogrom 1349.

Zum Beispiel: Grabsteinteil Nr. 1017 – in deutscher Übersetzung:

Dieses Grabmal steht (zum) Haupt der Frau Guthl
der Tochter des Herrn Joseph aus Mühlhusen.
Sie war vollkommen durch ihre Werke.
(Und) sie empfing am Leibe die Qual (gemeint: die Qual des Sterbens)
Sie starb an einem Schabbat, am 14 im Monat Tamus
(im Jahr) nach der kleinen Zählung.
Und ihre Seele ist eingebunden in das Bündel
des Lebens im Garten Eden zum (Leben der kommenden Welt)

Die Grabsteine vom jüdischen Friedhof in Würzburg aus der Zeit des schwarzen Todes (1147–1346) (2011), Bd. 3, S. 1428.

Bruchstück eines Grabsteins vom mittelalterlichen Judenfriedhof, heute im Museum Schalom Europa, Valentin-Becker-Straße 11

Erstgründung der Universität war im Jahre 1402; erneuert wurde sie von Fürstbischof Julius Echter im Jahre 1582. Nach dem Wiener Kongress, mit dem Franken an Bayern fiel, kam der Name des bayerischen Königs Maximilian dazu.

Er *(Julius Echter)* war keine religiöse Natur, sondern ein Herrscher; er war noch jung, als er sagte, er wolle nicht zu denen gehören, die weder Fleisch noch Fisch wären. Hätten es die Umstände begünstigt, so wäre er evangelisch geworden, ja er trug sich, wie es scheint, mit diesem Gedanken, da er einsah, daß es evangelische Fürsten leichter hatten, alle Lebensgebiete unter ihre Gewalt zu bringen und daher eine durchgreifende Ordnung herzustellen; aber als Nachbar der einflußreichen bayerischen Herzöge hielt er es für richtig, seine Politik mit der ihren in Einklang zu bringen, und entschloß sich dazu, in seinem Lande den Katholizismus nach bayrischem Rezept einzuführen ...
Für Gewissenskämpfe hatte er keinen Sinn; er wollte allgemeine Einordnung in ein einheitliches System, in dem die großen Organe Kirche, Verwaltung, Recht als von einem Mittelpunkt aus zu leitende Triebräder umliefen.
Das Juliusspital und die Universität zeugen von seinem großen Sinn.
Zum erstenmal in Deutschland erscheint ein so umfassender Universitätsbau; im Mittelalter pflegte man, was sich an geeigneten Räumen vorfand, gewöhnlich war es in Klöstern, für Vorlesungen und sonstige Bedürfnisse zu nutzen. In seiner Pracht, seinem Umfang, seiner Festigkeit zeigt er sich als Schöpfung eines Fürsten und ein Mittel zur Begründung staatlicher Herrschaft, allerdings im Einverständnis mit der Kirche. Daß die Universität keine Kultur verbreitete, zeigte sich in den folgenden Jahrzehnten; denn nirgends hat der Hexenwahn so gewütet wie in Würzburg.

Ricarda Huch (1864–1917), Im Alten Reich. Lebensbilder deutscher Städte. Der Süden (1927), Bd. 3, S. 14 f.

Die Julius-Maximilian-Universität Würzburg in der Domerschulstraße 16, Innenhof; der linke Flügel, die Neubaukirche in „Echter-Gotik", ist heute Aula

Das ehemalige Jesuitenkolleg wurde nach Plänen von Joseph Greising in den Jahren 1715 bis 1719 erbaut unter Fürstbischof Johann Philipp Greiffenclau von Vollrads.

Als Kind einer Zeit des Hexenwahns schreibt Friedrich Spee in seiner „Cautio criminalis“:

Darum ist es mir zunächst freilich niemals in den Sinn gekommen zu bezweifeln, daß es viele Hexen auf der Welt gebe; nun aber, da ich die Tätigkeit der Gerichte näher betrachte, sehe ich mich nach und nach dahin gebracht, zu zweifeln, ob es überhaupt welche gibt.
Ich sehe wirklich mit Staunen, wohin wir es haben kommen lassen! Indessen ... bin ich ganz davon überzeugt, daß die Angeklagten, von der Folter gezwungen, lügen, wenn sie sagen, sie hätten diese oder jene Person auf dem Hexensabbat gesehen; ... Mir ist jedenfalls ganz deutlich, daß, wenn nur ein paar Unschuldige zusammen mit den übrigen in die Hexenprozesse hinein verwickelt worden sind, alsbald eine weitere, ungeheure Menge Unschuldiger ihnen nachfolgen muß. Denn unter dem Druck der Folter beschuldigt eine Schuldlose die andere, von der sie doch nichts weiß, und zieht sie so mit sich. Man will nicht die Wahrheit hören, sondern daß ganz einfach alle sich schuldig bekennen.

Und er schließt mit den Worten:

Was Folter und Denunziation vermögen? Sie vermögen nahezu alles ... Ich habe bisher noch niemanden gehört, der sich Standhaftigkeit zutraute, wenn er nur einmal etwas näheren Einblick in diese Folterqualen gewonnen hatte.

Friedrich Spee, Cautio criminalis. Für die Obrigkeiten in Deutschland ... von einem ungenannten römischen Theologen, Rinteln 1631. Deutsche Ausgabe von Joachim-Friedrich Ritter (1967), S. 255.

Friedrich Spee von Langenfeld (1591–1635) studierte zwischen 1612 und 1615 im Jesuitenkolleg in Würzburg. Er war sowohl ein begabter Lyriker wie ein guter Jurist. In seiner 1631 gedruckten „Cautio criminalis“ zeigt er den Unsinn der Hexenverfolgung auf. Im Fürstbistum Würzburg wurde sie 1642 unter Joh. Philipp von Schönborn leider vergeblich verboten.

Das frühere Jesuitenkolleg in der Domerschulstraße 18, heute Priesterseminar

Der eigentliche Hofgarten – der Garten für den fürstbischöflichen Hof – liegt auf der Ostseite der Residenz und ist mit Putti von Peter Wagner geschmückt. Natur und Kunst sind im damaligen Sinn vereint. Vom Gartensaal im mittleren Vorbau betritt die Festgesellschaft den wunderschön angelegten Garten, der nach Osten zu ansteigt.
Würzburgs Prunkstück, die Residenz, wurde 1744 nach einer Bauzeit von 24 Jahren fertiggestellt. Die Inneneinrichtungen waren erst 1779 vollendet. Die Fürstbischöfe residierten nun hier, nicht mehr oben auf dem Marienberg. An der Hofgartenseite der Residenz liegen Räume wie Kaisersaal und Gartensaal und das Spiegelkabinett. Balthasar Neumann (1687–1745), der Erbauer der Residenz, hat sein Wissen von Architektur und Gartenanlagen und Schmiedekunst auf vielen Reisen erweitert.

Am 7. 2. 1723 schreibt Balthasar Neumann aus Versailles:

„Ew.. Hochfürstl. Gnaden berichte unterthänigst ... mich umbgesehen und die großen Gebäuhte was Kirchen sind von innen und aussen, auch schon etliche palest nicht nur von aussen sondern ihr distribution auch von innen gesehen ... gestern frühe nach versailles gegangen und die gallerie nebst denen Apartements auf der seite, wo die haupt- und stig ist gesehen undt soviel die zeit gelitten, bedracht ... Es hat mich aber die nacht übereilet ... und handt sonntags frühe den Garten durch alle pieces passiert ..."

Karl Lohmeyer (Hrsg.), Die Briefe Balthasar Neumanns von seiner Pariser Studienreise 1723 (1911), S. 12.

Am 30. Dezember 1742 kann Neumann hocherfreut dem Fürsten ... melden:

Anjetzo um 2 Uhr wird bey Aufsetzung des Strausses ... ein Zimmermann sprechen:
... Ein Wunder unserer Zeiten,
An dem Kunst und Natur sich um den Vorzug neiden.
Thürm, Kuppel, Pavillonen hier zeigen ihren Stolz,
Mit vieler Müh' geführet aus roh-gehau'nem Holz.
Dort kunstverdruckte Gewölbe, so ausser Circul gehen,
Bald flach, bald hochgesprengt wohl auf einanderstehen...
Nach ihrem Grund und Riss, nach Teilung, Mass und Zoll,
Wie es die Baukunst lehrt, dass Ordnung stehen soll.
Dem kame ferner zu ein Obrist, heisst Neumann,
Der kunstreich hat vollstrecket, was er gewiesen an. ...

Ph. Joseph Keller, Balthasar Neumann (1896), S. 72.

Der Hofgarten mit Rokokofiguren von Peter Wagner

Hinter dem gewaltigen Schlosse wartet auf mich ein großer, fürstlicher Garten mit jungem Grün an den Zweigen und vielen Singvögeln im Geäst. Dort auszuruhen, dort auf einer Bank zu sitzen, mit geschlossenen Augen, den innern Bildern hingegeben ... auf den Knien die warme Sonne, auszuruhen und zu vergessen, in welcher Stadt und in welchem Jahrhundert ich hier denn sei – das war nicht das Schlechteste von all dem Guten, was jener Reisetag mir gebracht hat.

Hermann Hesse (1877–1962), Spaziergang in Würzburg (1928), Nachdruck 1945 ohne Seitenzahlen.

Der weitläufige kunstvolle Hofgarten kam uns wie ein Märchen vor. Königlich wußten die Könige und Fürsten schon von außen zu wirken, und wer dann seinen Fuß noch in die innere, sinnverwirrende Pracht setzte, der mußte, weil ihn fabelhaft schönen Anblicks Übermacht beugte und lähmte, augenblicklich bekennen, daß er mit fürstlicher Hoheit verglichen, nur ein armer, schwacher, nichtsbedeutender, in Demut und Gehorsam verharrender Untertan sei, vom Geschick bestimmt, alle harten Zumutungen und alle ihn erniedrigenden Voraussetzungen sanft zu dulden, wenn nicht schließlich vielleicht sogar noch zu lieben. Unter anderem besuchten wir zusammen das fürstbischöfliche Schloß oder Palais, wo wir neben mancherlei anderen Kostbarkeiten und Schönheiten Tiepolos herrliche Wandmalereien bewunderten. Sachte und aufmerksam gingen wir durch alle jene staunenswürdigen Säle, wo einstmals ein pracht- und verschwendungliebendes Fürstengeschlecht wohnte. Schwelgerische Herrlichkeit war mit dem anmutigsten Geschmack und die zierlichste Art mit üppigem, kapriziösem Reichtum verbunden. Das Schloß selber erschien unseren staunenden Augen gewaltig groß; seine phänomenalen Dimensionen erinnerten uns sichtlich an die eigentlich schreckliche Allgewalt der früheren Fürsten.

Robert Walser (1878–1965), Dichten diese Dichter richtig? Hrsg. von Bernhard Echte (2002), S. 321.

Die Tore zur Residenz und zum Residenzgarten, aber auch alle Schmiedearbeiten im Innern des Gebäudes wurden ausgeführt von Johann Georg Oegg (1703, † 1782 in Würzburg) und seiner Werkstatt. Die Residenz, Sitz der Würzburger Fürstbischöfe von 1750 bis 1802, hat vor allem auf der Ostseite ihre repräsentativen Räume für Begegnungen mit Königen und Fürsten, die sogenannten Kaiserzimmer. Die Wohnräume des Würzburger Gastgebers jedoch lagen bescheidener.*
Da neben dem italienischen auch der aktuelle französische Stil für die deutschen Fürstenhäuser maßgebend war, scheute Balthasar Neumann, verantwortlich für die gesamte Anlage, keine Reisen nach Frankreich. Dort achtete er auch auf die Qualitäten französischer Details bei der Inneneinrichtung und besorgte Musterstücke für seine Handwerker in Würzburg. Er schreibt aus Paris am 8. März 1723 an den Bauherrn der Residenz, Johann Philipp Franz von Schönborn:

… Schlosserarbeith habe hier nach meinem Vergnügen gesehen, ich werdt alles gar leicht nachmachen können lassen ... Kleine modell von stühlen und bettern lasse ich mir auch machen, Wandleichter und camin füß von dem schönsten habe ich gesehen vndt bei den meistern ausgesuchet idem von denen grossen luster, sowohl von verschnittener schönster metallener vndt vergolter arbeit, alß auch deren glaßern arbeit vndt habe mirs also eingericht … vndt auß Mangel des gelts bey ferner fortsetzenden reyße nicht alles, was ich gerne haben megte, einkaufen kann ...

Karl Lohmeyer (1694–1787), Die Briefe Balthasar Neumanns von seiner Pariser Studienreise 1723 (1911), S. 23.

Balthasar Neumanns Brief vom 23. März teilt mit:

„...schliesse bey, was noch ferneres von ... der neueste facon undt manier seyndt, welches alles unterthänigst massgebung vor nötig eracht, damit dadurch den bildhauern vorzulegen wie die sachen in der execution zu machen seyndt ... wie die beste farb ahmd gold sowohl auf metall alls holtz zu halten seye … ich habe den hiesigen gout wohl observiret und werde selben zu Ew. Hochfürstl. Gnaden satisfaction *(Zufriedenheit)* anwenden können.“

Ph. Joseph Keller, Balthasar Neumann (1896), S. 10.

Detail vom Tor des nördlichen Eingangs in den Residenzgarten

Die gewaltige Westfront der Residenz der Würzburger Fürstbischöfe (1750–1802) ist gut gegliedert. Ihre privaten Räume lagen links und rechts des Mittelteils, die Fenster der Festsäle, Prunkräume und Kaiserzimmer blickten überwiegend auf den Garten an der Ostseite der Residenz. Viele Zimmer – vielleicht die meisten – dienten der Versorgung der Bewohner und Gäste und vor allem auch der Verwaltung des Fürstbistums.
Giovanni Battista Tiepolo schmückte Balthasar Neumanns Meisterwerk, das Treppenhaus, mit dem weltgrößten Deckenfresko. Dabei ließ er hier und in weiteren prachtvollen Festsälen, zusammen mit dem italienischen Stuckateur Bossi (1699, † 1764 in Würzburg), die Grenzen zwischen Malerei und Plastik verschwimmen.*

Zu Beginn des 18. Jahrhunderts war die Unterwerfung der Stadt eine so vollendete Tatsache, daß die Bischöfe ihre Festung, wo sie sich, mehr Feinde als Landesherren, verschanzt hatten, verlassen konnten, um inmitten ihrer Untertanen zu wohnen. Die Fürsten waren Gott geworden, Gott ihr oberster Hofbeamter. Unter einer Reihe begabter und wohlwollender Bischöfe aus den Familien Schönborn, Hutten, Seinsheim ließ Balthasar Neumann mit vielen Mitarbeitern die Residenz erstehen, einer der schönsten unter den neuen Tempeln der Erdengötter. Dem Glück eine Stätte zu bereiten, wo Leiden, Krankheit, Mangel jeder Art ausgeschaltet scheint, haben die bildenden Künste verschwenderisch zusammengewirkt.
Der venezianische Himmel, den Tiepolo über dem Treppenhause ausgespannt hat, der Park mit Wagners steinernen Schelmenkindern, die schmiedeeisernen Portale des Tiroler Oegg, Gitter von einem irdischen Paradiese, sind Kostbarkeiten, die mit der Würzburger Luft und dem Würzburger traubenspendenden Boden notwendig verbunden scheinen, eigentlich ihre Erzeugnisse.

Ricarda Huch (1864–1917), Im Alten Reich. Lebensbilder deutscher Städte. Der Süden (1927), S. 13.

Viel Schönes und Drolliges habe ich an diesem Tage noch zu sehen bekommen, bis ich am Nachmittag müde und mit Bildern überfüllt wieder auf dem großen, feierlichen Platz vor der Residenz anlangte. Da innen war ein ungefähr hundert Meter langes Fresko von Tiepolo und sonst noch dies oder jenes Bemerkenswerte. Aber es eilte damit nicht ....

Hermann Hesse (1877–1962), Spaziergang in Würzburg (1928), Nachdruck 1945 ohne Seitenzahlen.

Westfront der Residenz, leuchtend in der Abendsonne

Wer die Schönheit angeschaut mit Augen,
Ist dem Tode schon anheimgegeben,
Wird für keinen Dienst der Erde taugen,
Und doch wird er vor dem Tode beben,
Wer die Schönheit angeschaut mit Augen.

Ewig währt für ihn der Schmerz der Liebe,
Denn ein Tor nur kann auf Erden hoffen,
Zu genügen einem solchen Triebe:
Wen der Pfeil des Schönen je getroffen,
Ewig währt für ihn der Schmerz der Liebe.

Ach, er möchte wie ein Quell versiechen,
Jedem Hauch der Luft ein Gift entsaugen
Und den Tod aus jeder Blume riechen:
Wer die Schönheit angeschaut mit Augen,
Ach, er möchte wie ein Quell versiechen!

August von Platen (1796–1835), Gedichte (1843), S. 86.

August von Platen weilte als Student in Würzburg.

„Sommer“ – eine der Vier-Jahreszeiten-Figuren im Residenzgarten

Über den feierlichen Trauerzug und die Beisetzung *(Balthasar Neumanns)* besitzen wir einen noch nicht beachteten Bericht in der Chronik eines Zeitgenossen, des Pfarrers Andreas Geißler, die heute der Historische Verein von Mainfranken bewahrt. Nach Angabe des Todestages und der Stunde zählt er die Titel Neumanns auf und fährt dann fort:
„Ein mann wegen vieler seiner ganz besonderen Eigenschaften würdig eines längeren Lebens. Er war geliebt von grosen Churfürsten und Fürsten wegen seiner Kunst ... geliebt und geachtet von Jedermann ... sein leuthseliges wesen machte ihn jedermann günstig ... Den 22. August (1753) wurde er begraben auf ein sein Character gemässe Ceremonie. Ein ganzes Bataillon führte ein H. Obrister v. Kolb, die artilleristen gingen vor und nach dem trauerwagen, welche vier in schwarz Loi verhüllte pferd zogen, als dan folgten 2 stück *(Geschütze)*; bei der Einsenkung gabe die Bataillon vor der Capellen auf dem marck feuer, als dann wurden auf dem Schloß *(Marienberg)* 3 stuck losgeschossen und dieses wurde 3 mahl wiederholt; der ganze Leichen Condukt war recht schön; alle Gassen und Häuser waren mit Menschen angefüllt, welche diesen Verstorbenen sahen und betrauerten."
... Als Begräbnisstätte ist die Marienkapelle auf dem Markt eingetragen ... Einige wenige nummerierte Bodenplatten deuten darauf hin, daß man früher einmal ein Verzeichnis der Gräber angefertigt hat. Dieses ließ sich nun ermitteln ... Für Neumanns Ruhestätte ergibt sich der Platz an der nordwestlichen Seite des – von Westen gesehen – dritten Pfeilers der südlichen Reihe.

Max H. von Freeden, Würzburger General Anzeiger vom 7.12.1937, S. 4.

Auf der Bronzetafel an der Wohnung Balthasar Neumanns, Franziskanergasse 2 (1945 zerstört), waren folgende Titel Neumanns geschrieben:

„Dieses Haus, Oberfrankfurt genannt, erwarb und bewohnte von 1725–1753 der Erbauer der Fürstlichen Residenz, Balthasar Neumann, Fürstbischöflich Würzburgischer Oberingenieur, Hofarchitekt und Baudirektor, Oberst der Fränkischen Kreisartillerie".

Würzburger General Anzeiger vom 25.11.1937, S. 2.

Marienkapelle, Blick in der Westteil der Kirche

Der Moenusbrunnen, ein mainfränkischer Neptunbrunnen, ziert die ansonsten recht bescheidene und stille Straße zwischen dem fürstlichen Hof und dem Dom. Der alte Wassergott läßt hier den Main fließen.

Lösch aus dein Licht und schlaf! Das immer wache
Geplätscher nur vom alten Brunnen tönt.
Wer aber Gast war unter meinem Dache,
Hat sich stets bald an diesen Ton gewöhnt.

Zwar kann es einmal sein, wenn du schon mitten
Im Traum bist, das Unruh geht ums Haus,
Der Kies beim Brunnen knirscht von harten Tritten,
Das helle Plätschern setzt auf einmal aus,

Und du erwachst, – dann mußt du nicht erschrecken!
Die Sterne stehen vollzählig überm Land,
Und nur ein Wandrer trat ans Marmorbecken,
Der schöpft vom Brunnen mit der hohlen Hand.

Er geht gleich weiter und er rauscht wie immer.
O freue dich, du bleibst nicht einsam hier.
Viel Wandrer gehen fern im Sternenschimmer,
Und mancher noch ist auf dem Weg zu dir.

Hans Carossa (1878–1956), Gedichte. Vom Dichter ausgewählt (1955), S. 77.

Hans Carossa studierte in Würzburg Medizin.

Neptun- oder Moenusbrunnen in der Hofstraße zwischen Dom und Residenz

Der Fichtelhof, einst Besitz des Klosters Himmelspforten, kam im 18. Jahrhundert in die Hände des Hofkanzlers Franz Ludwig von Fichtel. Er wurde – wie sehr viele andere private Anwesen – um 1724 nach Balthasar Neumanns Plänen auf alten Fundamenten zeitgemäß errichtet.

Wer seinen Schatz, doch nicht sein Wissen häuft,
Und dann sich seines Reichtums wegen brüstet,
Dem schadets, wenn er sich so stolz gelüftet.
„Zu reich – zu arm“, mit allen beiden läuft
Man leicht Gefahr: Armut uns Not bereitet,
Reichtum zu leicht den Sinn zum Stolz verleitet.

Walther von der Vogelweide (* etwa 1170, † in Würzburg 1230), übertragen von Walter Zoozmann (1907), S. 173.

Ich han min Lehen, all die Welt! Ich han min Lehen!
Nun fürchte ich nicht mehr den Winter in den Zehen
und muß die geizigen Herrn desto weniger anflehen!
…
Ich war zu lange arm gewesen, ohne einen Danc.
Ich war so voll Scheltens, dass mein Atem stanc.
Das hat der König gemachet reine und darum mein G'sanc.

Walther von der Vogelweide, Sämtliche Gedichte. Aus dem Mittelhochdeutschen übertragen von Karl Pannier (1944), S. 146 (Lied Nr. 28 in der Lachmannschen Ausgabe).

Erst 1220 hatte Walther ein Lehen erhalten, das ihm sein Leben im Alter erleichterte.

Treppenaufgang im Fichtelhof, Bronnbachergase 8a

Der Hof Klein-Maidbronn gehörte im 16. Jahrhundert zu dem Kloster Unterzell bei Würzburg. Hierauf ging er in Privatbesitz über …
Baulichkeiten … wie sie Anfang des 18. Jahrhunderts vollendet waren. Die beiden Tore am Eingang und Ausgang lagen im Schatten. Die Durchfahrt am Ende des Hofes führte zu den ehemaligen Stallungen. „Wie leuchtet der rote Sandstein in der Sonne! Sehen Sie, meine grünen Reben werden ganz von der Sonne verbrannt. Das wird heuer ein gutes Weinjahr geben. Sie sollten im Herbst wiederkehren."

Hermann Gerstner (* 1903 in Würzburg, † 1993 in Grünwald bei München), Streifzug durch Alt-Würzburg 1933, S. 29 f.

August von Platen, der in Würzburg studierte, zitiert in seinem Tagebuch:

Gott lieben macht selig,
Wein trinken macht fröhlich,
Liebe Gott und trinke Wein,
Kannst fröhlich und selig sein.

Die Tagebücher des Grafen August von Platen (1796–1835), hrsg. von Gg. v. Laubmann und L. v. Scheffler (1900), 1. Bd. S. 117.

Bronnbachergasse 43, Hof Klein-Maidbronn, heute eine Gaststätte

Von 1675 stammt der Innenhof des Hofes Stachel, andere Bauteile weisen sogar zurück in das Mittelalter. Er gilt als ältester Gasthof in Würzburg. Das Grundstück des Hofes Stachel war damals viel größer als heute – ein Beispiel kleinherrschaftlicher Residenzen. Und wie viele ähnliche Höfe hatte die Stadt!

An der Wand hing das Sinnbild des Hofes zum Stachel: ein großer Stachel, so wie er früher als Waffe gebraucht wurde. Durch ein Holztor kamen wir in den Hof. Einige Schritte über die Steinfliesen und wir standen vor dem geschwungenen Geländer der Freitreppe, die sich zum ersten Stock empor drehte, hinauf zu den Terrassen und Veranden. Eine durchbrochene Balustrade säumte die Terrassenteile; hier stiegen ein paar Pfeiler empor, um über dem Hohlraum der Veranda noch ein Stockwerk zu tragen. Vom Geländer der Emporen hing verträumtes Laub, es brachte in die geschlossene Architektur sein auflockerndes Grün. Auch auf den Balustraden der Barockzeit wuchs ein helles Grün aus den Blumenkästen.

Hermann Gerstner (* 1903 in Würzburg, † 1993 in Grünwald bei München), Streifzug durch Alt-Würzburg (1933), S. 23.

Gasthof „Zum Stachel“, Innenhof, Gressengasse 1 –
Würzburg ältester Gasthof

Mitte des 18. Jahrhunderts gehörte das Haus einem Gastwirt, dessen Witwe die Fassade im Rokokostil überreich dekorieren ließ. Nach 1945 wurden nur die Außenfronten wieder hergestellt. Heute befindet sich hier die Stadtbücherei (mehrfach ausgezeichnet!) und die Touristen-Information.

Heinrich von Kleist schreibt am 14.09.1800 aus dem fürstbischöflichen Würzburg an Wilhelmine von Zenge:

Nirgends kann man den Grad der Cultur einer Stadt ... schneller und zugleich richtiger kennen lernen, als – in den Lesebibliotheken. Höre, was ich darin fand...

„Wir wünschen ein paar gute Bücher zu haben."
- Hier steht die Sammlung zu Befehl. – „Etwa Wieland."
- Ich zweifle fast. – „Oder von Schiller, Goethe."
- Die möchten hier schwerlich zu finden sein. – „Wie? Sind all diese Bücher vergriffen? Wird so stark gelesen?"
- Das eben nicht. – „Wer liest denn hier eigentlich am meisten?"
- Juristen, Kaufleute und verheiratete Damen. – „Und die unverheirateten?"
- Sie dürfen keine fordern. – „Und die Studenten?"
- Wir haben Befehl, ihnen keine zu geben. – „Aber sagen sie uns, wenn so wenig gelesen wird, wo in aller Welt sind denn die Schriften Wielands, Goethes, Schillers?"
- Halten zu Gnaden, diese Schriften werden hier gar nicht gelesen. – „Also, Sie haben sie gar nicht in der Bibliothek?"
- Wir dürfen nicht. – "Was stehen denn also eigentlich für Bücher hier an diesen Wänden?"
- Rittergeschichten, lauter Rittergeschichten, rechts die Rittergeschichten mit Gespenstern, links die ohne Gespenster, nach Belieben. – „So, so."

Heinrich von Kleist (1777–1811), Heinrich von Kleists Briefe an seine Braut (1884), S. 76.

Nach der Zerstörung Würzburgs am 16.03.1945 hat das „Falkenhaus“ (Hof zum Falken) die am besten renovierten Außenwände eines Gebäudes im Rokokostil erhalten

Der „Alte Kranen", von Balthasar Neumanns Sohn Franz Ignaz um 1770 mit ausgeklügelter Technik erbaut, tat seine Dienste bis 1846, als ein neuer Hafen weiter südlich in Betrieb genommen wurde. Nun ist er der schmucke Rest des ehemaligen Hafens. Da er im Zweiten Weltkrieg nicht zerstört worden ist, mag mancher Würzburger ihn für das Wahrzeichen der Stadt halten.

Von der Hand der feisten Händlerin gepackt, schwebte ein langer, edler Fisch – es konnte eine Barbe sein – einen Augenblick dicht vor meinen Augenlicht mit goldenen wehen Augen, entglitt in einer verzweifelten Bewegung und sprang glitschend über das nasse Steinplaster hin. Ich nahm Reißaus. Wenn hier der Fischmarkt ist, kann der Main nicht weit davon sein ... und richtig ... ein erhöhtes gemauertes Ufer empfing mich nicht nur mit Sonne und blanken Spiegellichtern, sondern auch mit einem unerwarteten, heftigen Farbengetümmel. Da war nämlich ein Messe vorbereitet, ein Jahrmarkt, und es stand, schon fertig aufgebaut, aber noch schlafend und auf den Abend wartend, eine lange Zeile verlockender Buden das Ufer entlang. Ein Karussel mit Pferden und Schwänen, eine Schiffsschaukel, Zuckerbuden mit weiß und rot gestreiften Sonnensegeln, und Museen und Zauberkabinette mit starken, werbenden Malereien, schönen wilden Landschaften, kühn erfundenen Fabeltieren und wilden flatterhaarigen Mädchen- oder Feenfiguren zogen mich in das Reich der Kunst und Kultur zurück.

Hermann Hesse (1877-1962), Spaziergang in Würzburg (1928), Nachdruck 1949 ohne Seitenzahlen.

Dann waren sie am Kranen, dem Platz unten am Main, auf dem traditionsgemäß während der Kilianimesse und bei ähnlichen Gelegenheiten die Karussells und Schaubuden standen. Der holperig gepflasterte Platz war noch fast leer. Über dem grauen Gemäuer der einstigen Stadtbefestigungstore streckte der alte Kranen seine mit grüner Patina überzogenen Hebearme übers Wasser und ließ ein paar verrostete Ketten herunterhängen.

Felix Fechenbach (1894–1933), Der Puppenspieler. Ein Roman aus dem alten Würzburg. Hrsg. von Roland Flade und Barbara Rott (1988), S. 158 f.

Der barocke „Alte Kran“ am westlichen Ende der Juliuspromenade, ein Würzburger Wahrzeichen

Nach Monaten vergeblichen Suchens bekam Michael schließlich eine Wohnung in der besten Gegend New Yorks. … Ein paar Tage nach dem Einzug in die neue Wohnung las Michael in der Zeitung, daß Würzburg nicht mehr existierte. Kalt am ganzen Körper las er die Schilderung, wie seine Heimatstadt nach dreizehnhundertjährigem Bestehen in fünfundzwanzig Minuten durch Brandbomben zerstört worden ist.
Er sah Würzburg, die Stadt des edelsten Barock und sah zugleich den riesigen grauen Trümmerhaufen, aus dem Würzburg sofort wieder emporstieg in seiner ganzen Schönheit, die Stadt, die nicht mehr existierte. Der Schlag traf ihn mitten ins Gefühl und erschlug sein Gefühl ...
Er hatte für Millionen Kindheitserlebnisse den Schauplatz nicht mehr.

Leonhard Frank (* 1882 in Würzburg, † 1961 in München), Werke 1–4, Bd. 3. (1991) S. 664 f.

Als ich im Jahre 1906 Kolonialunterstaatssekretär war, erhielt ich vom deutschen Kaiser eine Einladung, den Jahresmanövern des deutschen Heeres in Schlesien als Gast beizuwohnen. ... Es vergingen drei Jahre, bis ich das deutsche Heer das nächste Mal sah. Ich war wieder Gast des Kaisers, und diesmal wurden die Manöver in Würzburg in Bayern abgehalten. Die Manöver in Würzburg zeigten eine große Veränderung der militärischen Taktik Deutschlands. Ein bemerkenswerter Schritt zur Modernisierung der Informationsorientierung und ihrer Anpassung an wirkliche Kriegsbedingungen …
Ja, ich muß sagen, diese Würzburger Manöver haben in meiner Erinnerung etwas von einem Belsazarfest. Wieviele von denen, die in der Herbstsonne marschierten und galoppierten, hatte der Todesengel schon gezeichnet! Gewaltsamer früher Tod, Ruin und Demütigung, Entbehrungen, Verstümmelungen, Verzweiflung für den einfachen Soldaten, Sturz des Stolzes und Ende der Existenz für die Führer: das waren die Schicksale – hätten wir sie nur erkennen können – die auf Tausende und Zehntausende dieser mannhaften Gestalten lauerten. Alle Könige und Fürsten Deutschlands, alle Generäle des Reiches saßen an den Bankettafeln.

Winston S. Churchill (1874–1965), Gedanken und Abenteuer (übersetzt von Hendrik Guelder) 3. Aufl. (1945), S. 83–91.

Denkmal für die „Trümmerfrauen“ Würzburgs am Alten Kranen

Bei dem Angriff der Engänder am Abend des 16.3.1945 mit etwa 500 Flugzeugen – kurz vor Kriegsende! – zerstörten die Brandbomben über 90% der Altstadt in kaum 20 Minuten. Der Feuerschein leuchtete nach Westen über den ganzen Spessart.

Würzburg

In der alten Stadt, wo ich geboren,
Flüstert Totes stets vor meinen Ohren.
Auf alten Wegen, bei jedem Schritt,
Da wandern auch die Toten mit.
Sie wollen sich nicht zur Ruhe legen,
Sie müssen gemeinsam Gewesenes pflegen.
Und Altgesprochenes wiedersagend,
Und Abgetanes mit sich tragend,
So nahen sie tags aus wandernden Fernen
Und starren des Nachts mit in die Laternen.
Sie gehen im Winterschnee wie vor Jahren
Auf Weihnachtsstraßen in Heeren und Scharen.
Ich kann mich kaum aller Toten erwehren,
Der Toten, die sich jährlich mehren.
Vom Leben und seinen Äpfeln, den roten,
Seh' ich den Wurm nur, den Todesboten.
Doch ein Weg ist von Toten mir freigegeben.
Der ist dort, wo sich zwei Augen heben,
Zwei Lippen locken mich zu sich fort
Und der Liebsten wortloses Wort.

Max Dauthendey (* 1867 in Würzburg; † 1918 in Malang auf Java), Gesammelte Werke in sechs Bänden, 4. Band (1925) S. 419.

Das Denkmal von Klaus Rother in der Bronnbachergasse für den Wiederaufbau Würzburgs

Der Würzburger Stadtfriedhof birgt viele kunstvolle Grabdenkmäler. Nicht sehr kunstvoll, aber oft besucht ist das Grab der Familie Dauthendey.

Reizende acht Sommertage waren es. Ob ich noch Geld habe, fragte mich Dauthendey.
"Nein", gab ich zur Antwort. Das habe er sich gedacht, meinte er mit höchst verständnisvollem Lächeln, worauf er mir etwas weniges gab. Er besaß selbst nicht viel. Um Finanzen von Künstlern steht es meistens ziemlich übel; ein bedauerlicher Umstand, der die betreffenden jedoch nicht hindern kann, freundlich und unbedenklich zu geben wie Brüder. Sie besinnen sich dafür auch beim Nehmen nicht lang ...

Und spielte ich nicht im ganzen genommen, eine völlig nutzlose, zwecklose, verantwortungslose und mithin überflüssige Figur? Jawohl!
Ein Ernst überkam mich, und ich beschloß, abzureisen, weiter fort in die Welt hinaus zu fahren.."Ich muß Sie", sagte ich zu Dauthendey, als wir zuletzt noch einmal miteinander durch die stillen, mitternächtlichen Straßen gingen, wobei jeder sich irgendwelchen eigenen Gedanken überließ, „um zwanzig Mark bitten, damit ich morgen früh nach Berlin fahren kann". Er gab mir das Geld sogleich ... "Ich danke Ihnen; denn sehen Sie: Ein Schicksal befiehlt mir, und ich muß fort! ..."

Robert Walser (1878–1965), Dichten diese Dichter richtig? Hrsg. von Bernhard Echte (2002), S. 321 f.

Der junge Robert Walser besuchte 1901 seinen Dichterkollegen Max Dauthendey in Würzburg und weilte hier acht Tage.

Grab des Würzburger Dichters Max Dauthendey im
Würzburger Hauptfriedhof

Die Pleich, benannt nach dem verrohrten Bach Pleichach, ist das eng bebaute Stadtviertel zwischen Juliuspromenade und dem Röntgenring. Es bewahrt das älteste Wohnhaus Würzburgs und viele kleine Weinstuben. Auch hier wird das aus dem frühen 20. Jahrhundert überkommene Bild vom Franken und seinem Frankenwein gepflegt.

Wie so mancher Weinliebhaber hatte vielleicht auch Dauthendey schon einen halben Schoppen zu viel als er reimte:

Im Weinberg in braunen verdorrten Lauben
Leuchten die goldgelben Beeren der Trauben,

Und bei den Weinstöcken, die sich farbig malen,
Stehen die Nebel gleich gläsernen Schalen.
Und die Berge klingen in allen Talen,

Als ob die Geister die Glasbecher schwingen,
Unsichtbare Zecher, die den Durst nie bezwingen
Und die Liebe, den Rausch aller Räusche, besingen.

Max Dauthendey (* 1867 in Würzburg, † 1918 in Malang auf Java), Gesammelte Werke in sechs Bänden, 4. Bd. (1925), S. 365 f.

Würzburger
Hofbräu
PREMIUM
Gaststätte
Lorbeerbaum

Spätestens hier am Röntgenring beginnt das moderne Würzburg. Der medizinische Impuls, der vom Juliusspital ausging, wirkte weiter. Im Jahre 1849 gründeten die beiden Professoren Alfred von Koelliker und Rudolf Virchow zusammen mit anderen Kollegen die Physikalisch-Medizinische Gesellschaft. In diesem Institut zeigte im Jahre 1895 der Physiker Wilhelm Röntgen erstmals öffentlich die Strahlen, die er entdeckt hatte – die später nach ihm benannten Röntgenstrahlen. Dabei entstand die bekannte Aufnahme von Koellikers Hand.

Die theoretische Physik des zwanzigsten Jahrhunderts ist an einen Punkt gelangt, an dem sie sich von Vorstellungen löste, die über Jahrtausende als unbezweifelbare und evidente Wahrheit galten. So ist der Glaube an eine objektive Welt, die in Raum und Zeit nach festen kausalen Gesetzen ihren Lauf nimmt, erschüttert worden. Inzwischen wissen wir, daß die Wirklichkeit keineswegs objektiv feststeht, sondern das Produkt unseres eigenen Verstandes ist. Was wir das Universum nennen, kreieren wir selbst. ...
Raum und Zeit sind keine objektive Wirklichkeit sondern Werkzeuge unseres Weltverstehens. In der wahren Wirklichkeit kommen sie nicht vor. Die physikalische Einsicht in die Relativität von Raum und Zeit bestätigt dies – und ebenso entspricht dem die mystische Erfahrung der transpersonalen Wirklichkeit, in der Raum und Zeit keine Rolle spielen.

Willigis Jäger, OSB (* 1925, lebte 1983–2000 in Würzburg und heute in Münsterschwarzach), Die Welle ist das Meer. 5. Aufl. S. 103 f.

Oh weh, wohin entschwanden alle meine Jahr'?
War nur ein Traum mein Leben oder ist es wahr?
Was Wirklichkeit mich dünkt, war's ein Traumgesicht?
So hab' ich denn geschlafen und weiß selbst es nicht.
Nun bin ich erwacht und ist mir unbekannt,
Was sonst mir so bekannt war wie meine eigne Hand.

Walther von der Vogelweide, Sämtliche Gedichte. Aus dem Mittelhochdeutschen übertragen von Karl Pannier, (1944), S. 165.

Röntgenring 8, Haus der Physikalisch-Medizinischen Gesellschaft
und das dort entstandene berühmte Röntgenbild

Seit 1856, nach dem eiligen Abriss der barocken Befestigungsanlagen Würzburgs, konnte sich die Stadt ausdehnen, vor allem nach Süden, in die Sander-Au – die Sanderau –, heute ein großer Stadtteil. Seitdem gehört auch das „Ehehaltenhaus" mit der gotischen St. Nikolauskapelle (aus dem 13. Jh.) zur Stadt. Es steht an der Stelle des früheren Siechenheimes für Leprakranke, das natürlich außerhalb Würzburgs liegen mußte. Schon im Jahre 1601 war es Ort der Pflege für Alte und Kranke, insbesondere für die vielen Würzburger Haushaltshilfen und Dienstboten, die „Ehehaltern".

Felix Dahn, der viel später dem Ehehaltenhaus gegenüber wohnte, erinnert sich an das Jahr 1863:

Es fand sich eine meinen Wünschen entsprechende kleine Wohnung vor dem Sander-Thore, jenseits des Sanderwasens, im Süden der Stadt.
Gerade da, wo sich die Straßen nach dem weinreichen Dorfe Randersacker links, östlich, und dem nächsten Städtlein Heidingsfeld (westlich auf dem linken Mainufer) nach rechts, gabeln, dicht neben dem Ehe-Halten-Haus (einer Spitalstiftung für alte Dienstboten), hatte sich ein vor kurzem aus Dettelbach in die Stadt gezogener Gärtner, Hans Georg Spath, soeben ein, das Erdgeschoß mitgerechnet, dreistöckiges Häuslein erbaut ...
Ringsum lagen andere Gärten, lockten Wiesen und Felder, damals noch nicht verdrängt von der Villenvorstadt, die sich bald nach meinem Abgang (1872) hier emporbaute.
Der Blick aus dem Westfenster meines Arbeitszimmers über Gärten und Anger auf den Fluß und über diesen hin nach dem herrlichen Guttenberger Wald war wunderschön, tief poetisch; das Nordfenster ... gewährte die Ausschau auf die malerische Veste Marienberg zur Linken und gerade aus auf die alte Bischofsstadt St. Kilians mit ihren vielen Kirchthürmen. Ich ahnte nicht, daß ich von diesem friedlichen Flecken aus zuerst in meinem Leben die Schrecken des Krieges erschauen, den zerschossenen Marienberg in Flammen lodern, Granaten über den buschigen Garten fliegen sehen sollte. Aber das kam erst 1866.

Felix Dahn (1834–1872), Erinnerungen, 4. Buch (1891) S. 4 ff.

Felix Dahn lehrte an der Universität in Würzburg von 1863 bis 1872. Sein Buch „Der Kampf um Rom" war lange Zeit ein Bestseller.

Das „Ehehaltenhaus“ in der Virchowstraße 28; gegenüber in den schattigen Grünanlagen steht ein Denkmal für Felix Dahn

Den von Arthur Schleglmünig erbauten Brunnen entdeckte der Würzburger Kaufmann Simon Ruschkewitz auf einer Gartenbauausstellung und schenkte ihn der Stadt Würzburg. Er selbst musste 1933 fliehen.

Ging ich etwa nicht im Main baden? Durchaus zuversichtlich!
Und bei dieser Gelegenheit muß die alte, imposante, statuengeschmückte Mainbrücke, eine der Sehenswürdigkeiten Würzburgs, erwähnt werden.

Aß und verzehrte ich nicht im bildhübschen Kastaniengarten über einem sonnigen Flußufer besten ländlichen Pfannkuchen mit appetitlichem grünen Salat? Ganz gewiß!

Saß man nicht des Nachts unter den dichten Zweigen hoher Bäume beim Glas Wein oder Bier im Konzertgarten, um auf Mozartsche und andere Töne voll Genuß zu lauschen?

Herrlich war die Reihe der aufeinanderfolgenden lauen Nächte, in deren eine ich, da mir wegen Verspätung kein Einlaß ins Gasthaus mehr gewährt wurde, auf einer Anlagenbank unter freiem Himmel übernachtete.

Robert Walser (1978–1956), Dichten diese Dichter richtig? Hrsg. von Bernhard Echte (2002), S. 321 f.

Am Ruschkewitz-Brunnen im Ringpark

Der Würzburger Ringpark wurde Ende des 19. Jh. von Jöns Person Lindahl angelegt, anstelle der barocken Festungsmauern. Mit über drei Kilometern Länge ist er die grüne Lunge der Stadt. Er reicht vom Main an der Löwenbrücke im Süden bis zur Friedensbrücke im Norden, umschließt den Hofgarten mit der Residenz und bietet botanische Raritäten, Denkmäler, Brunnen und Spielplätze.

Gleich einem schwergepanzerten Riesen lag Würzburg inmitten des Landes; aber es war übler dran als ein Gewappneter. Denn dieser trug die Rüstung nur im Kampfe – die Stadt war im Krieg und im Frieden mit ihr belastet.
In unserer Stadt ist kein Raum für Neubauten ... Solange Würzburg eine mit Wällen und Gräben umschlossene Festung bleibt, ist ein Aufblühen unmöglich. Wir wollen die Wälle zu Gärten umschaffen und an verschiedenen Teilen der Wälle Ausgänge aus der Stadt einrichten.
Das Kriegsministerium befahl am 25. Dez. 1856 die sofortige Beseitigung der Palisaden und Barrieren vor den Toren Würzburgs r.d.M. und am 23. Dez. eröffnete das Stadtkommando dem ahnungslosen Magistrate, daß mit diesen Arbeiten gleich nachmittags beim Sandertore der Anfang gemacht werde.
Der Archivar August Sperl bemerkt hierzu: „Es war dem Magistrat zumute, wie dem Bauern, dessen Hoftor über Nacht ausgehängt worden ist.“

Ludwig Gehring, Würzburger Chronik. Personen und Ereignisse, 4. Bd. (1927), S. 301 f.

Jöns Person Lindahl, ein schwedischer Landschaftsgärtner, den der Magistrat unter 32 Bewerbern ausgewählt hatte, begann 1880 die Festungswerke und den Glacisbereich in einen einzigen Park umzubilden. Seinen großzügigen Plänen konnte die Mehrheit der Würzburger Bürger jedoch bald nicht mehr folgen. Sie waren ihr – u.a. durch die Beseitigung von Felsflözen im Boden – mit der Zeit einfach zu teuer geworden!
Den kunstsinnigen und sensiblen Lindahl, der mit seinem Würzburger Projekt in St. Petersburg auf der internationalen Gartenbauausstellung 1884 gerade die Goldmedaille gewonnen hatte, verletzten die Vorwürfe der Würzburger Bürgerschaft – „Erneut sei der Schwede in Würzburg eingefallen und hause und verwüste wie zur Zeit des Schwedenkrieges ...“. Vielleicht hat dies zu seinem Freitod am 22. November 1887 in den Glacisanlagen ... beigetragen.
Der Gärtner Engelbert Sturm konnte nach und nach – bis 1899/1900 – mit Klein-Nizza den Ringpark vollenden.

Arno Herzig, in: Das Würzburger Glacis, hrsg. vom Verschönerungsverein Würzburg e.V. (1964), S. 51.

Denkmal für Jöns P. Lindahl in den Glacisanlagen nahe der Ottostraße; Lindahl entwarf den Ringpark und legte ihn an

Die Alte Mainbrücke ist meist voller Menschen. Ein guter Ort sich zu treffen oder sich zu verabschieden, vielleicht mit einem Schoppen.

Am 11. September 1800 schreibt Heinrich von Kleist an seine Braut Wilhelmine von Zenge:

... Besonders des Abends auf der Brücke ist ein ewiges Laufen hinüber und herüber.
Da stehn wir dann in einer Nische, Brokes und ich, und machen Glossen und sehen uns diesen oder jenen an, ob er seinen Wein in Sicherheit hat, ob er sich vor der Säcularisation fürchtet oder ob er den Franzosen freundlich ein Glas Wein vorsetzen wird. Die meisten, wenigstens von den Bürgern scheinen die letzte Partie ergreifen zu wollen. Das muß man ihnen aber abmerken, denn durch die Rede erfährt man von ihnen nichts. Jeder kommt hin, um etwas zu erfahren, niemand um etwas mitzutheilen. Es scheint, als ob jeder zuerst abwarten wollte, wie man ihm kommt, um dann dem andern ebenso zu kommen. Aber das ist eben das Eigenthümliche der katholischen Städte. Da hängt man den Mantel, wie der Wind weht.

Heinrich von Kleist (1777 –1811), Heinrich von Kleists Briefe an seine Braut (1884), S. 69 f.

Auf der Alten Mainbrücke am Abend

Heinrich von Kleist schreibt aus Würzburg an seine Braut, Wihelmine von Zenge, am 11.Oktober 1800:

Ich finde jetzt die Gegend um diese Stadt weit angenehmer als ich sie bei meinem Einzuge fand; ja ich möchte fast sagen, daß ich sie jetzt schön finde – und ich weiß nicht, ob sich die Gegend verändert hat oder das Herz, das ihren Eindruck empfing. Wenn ich jetzt auf der steinernen Mainbrücke stehe, die das Citadell von der Stadt trennt, und den gleitenden Strom betrachte, der … unter meinen Füßen weg fließt, so ist es mir, als ob ich über ein Leben erhaben stände. Ich stehe daher gern am Abend auf diesem Gewölbe …

Selbst von dem Berge aus, von dem ich Würzburg zuerst erblickte, gefällt es mir jetzt ... Die Höhe senkt sich allmählich herab und in der Tiefe liegt die Stadt wie in der Mitte eines Amphitheaters ... die Häuser in dunklen Massen wie das Gehäuse einer Schnecke, hoch empor in die Nachtluft ragten die Spitzen der Thürme, wie die Fühlhörner eines Insectes, und das Klingeln der Glocken klang wie der heisere Ruf eines Heimchens – und hinten starb die Sonne, aber hochroth glühend, wie ein Held, und das blasse Zodiakallicht umschimmerte sie, wie die Glorie das Haupt einer Heiligen. ...

Der Felsen der Citadell sah ernst auf die Stadt herab und bewachte sie wie ein Riese sein Kleinod.

Heinrich von Kleist (1777–1811), Heinrich von Kleists Briefe an seine Braut (1884), S. 103 ff.

Der Festung Marienberg zu Füßen liegt die Kirche St. Burkard
mit romanischen Teilen von 1042

„Käppele“ heißt das Marienkirchlein auf der Nordseite des Nikolausberges, gegenüber der Festung Marienberg. Hier war um 1640 eine Pietá aufgestellt worden. Aus diesem Heiligenhäuschen wuchs mit der Zeit ein Kirchlein. 1736 erstellte Balthasar Neumann einen Erweiterungsplan, der 12 Jahre später realisiert wurde. Der östliche Kapellenraum birgt die alte Statue.
Wer den langen Aufstieg über die rund 250 Stufen geschafft hat, lässt den Blick auf die Weinlagen „Leisten“ unterhalb der Festung Marienberg und auf den „Würzburger Stein“ im Hintergrund gleiten.
Wer noch ein paar Treppenstufen höher gestiegen ist, blickt auf die wunderbar schwingende Bedachung des „Käppele“, auch ein Meisterwerk Balthasar Neumanns.

Ende Juli ... konnte die Hitze sich allerdings unglaublich steigern: Das Bad im dann sehr seichten Main bot keine Erfrischung mit seinen 24 Grad Reaumur; und sie erschlaffte deshalb besonders, weil die Nacht nur sehr geringe Kühlung brachte. Aber schalten wir „Fremde“ über diese Gluth, erwiderten die Eingeborenen heftig: „Nicht wahr, en guten Wein wollt ihr schon haben, aber gekocht soll er nicht werden? Seid still und dankbar für jeden Tropfen, den ihr schwitzen dürft!“
O ja, es ist wohl schön in jenem sonnengesegneten Weingelände! Und voll bewährte sich mir ... das Wort, das mir Freund Hermann Lingg beim Abschied von München zurief: „Geh nur hin nach Würzburg: da kann man schon dichten.“

Felix Dahn (1834-1912), Erinnerungen, 4. Buch (1891), S. 16 ff.

Würzburger Lebensfreude in einem Trinkspruch, den nicht jeder verstehen muss, der aber in Varianten in den Weinstuben noch lebendig ist. Ihn soll schon Felix Dahn zitiert haben:

Freun wir uns beim Schöppele,
diesen Tag zu leben.
Zwischen Stein und Käppele
träufen goldne Tröppele,
duften edle Reben.

Felix Dahn (1834–1912), der Verfasser des Romans „Kampf um Rom“, lehrte an der juristischen Fakultät der Universität in Würzburg von 1863 bis 1872.

Blick auf das Dach des Käppele, dem Marienkirchlein auf der Nordseite des Nikolausberges

Zeitfracht Medien GmbH
Ferdinand-Jühlke-Straße 7
99095 Erfurt, Deutschland
produktsicherheit@kolibri360.de